# 파시스트 되는 법

**Istruzioni per diventare fascisti**
by Michela Murgia

ⓒ 2018 Giulio Einaudi editore s.p.a., Torino
Pubblicato in accordo con Agenzia letteraria Kalama, Cagliari
All rights reserved.

Korean translation copyright ⓒ 2021 by April Books

# 파시스트 되는 법

## 실용지침서

미켈라 무르자 지음 | 한재호 옮김

사월의책

## 파시스트 되는 법

1판 1쇄 발행 2021년 5월 1일

**지은이** 미켈라 무르자
**옮긴이** 한재호
**펴낸이** 안희곤
**펴낸곳** 사월의책

**편집** 박동수
**디자인** 김현진

**등록번호** 2009년 8월 20일 제2012-000118호
**주소** 경기도 고양시 일산서구 중앙로 1388 동관 B113호
**전화** 031) 912-9491 | **팩스** 031) 913-9491
**이메일** aprilbooks@aprilbooks.net
**홈페이지** www.aprilbooks.net
**블로그** blog.naver.com/aprilbooks

ISBN 978-89-97186-97-6  03300

\* 책값은 뒤표지에 있습니다.

너무 늦었지만

프란체스코와 안젤리카에게 바친다

# 차례

들어가는 글
**방법대로만 하면 내용은 따라온다** 9

**1 수령이 필요한 이유** 17

**2 모든 일을 사소하게** 27

**3 적을 만들어라** 37

**4 모두를 위한 일이라고 말하라** 51

**5 의심스러우면 폭력을 써라** 65

**6 국민이 듣고 싶어 하는 대로 말하라** 77

**7 기억을 다시 써라** 95

부록
**파시스트 자가진단법** 107

**부인 각서** 125

**감사의 말** 127

**일러두기**

1. 이 책은 미켈라 무르자의 *Istruzioni per diventare fascisti* (Giulio Einaudi Editore, 2018)를 우리말로 옮긴 것이다. 영어 번역본 *How to be a Fascist* (Pushkin Press, 2020)를 토대로 이탈리아어 원서를 참조하여 번역하였다.
2. 원서의 소제목은 우리 실정에 맞게 수정하였다.

# 방법대로만 하면
# 내용은 따라온다

내가 민주주의에 반대하는 글을 쓰는 이유는 민주주의란 원래 구제 불능의 결함이 있는 정치체제이기 때문이다. 윈스턴 처칠은 "민주주의는 최악의 정치체제다. 다른 정치체제를 모두 제외한다면"이라고 말했지만, 그건 거짓이다. 진실은 그냥 민주주의가 최악이지만, 일상의 온갖 명백한 증거에도 불구하고 우리는 늘 그것을 공개적으로 말하기를 꺼린다는 것이다.

당신이 들고 있는 이 책은 민주주의가 쓸모없을 뿐만 아니라 사실상 우리의 공존에 유해하다는 것을 입증하기 위해 쓴 것이다. 또 이미 검증된 반대 체제인 파시즘이 훨씬 더 나은 국가 운영 체제라는 것을 입증하기 위해, 즉 비용이 덜 들고 더 신속하며 더 효율적인 체제라는 것을 증명하기 위해 썼다. 이

책이 특별히 목표로 하는 것은 민주주의에 지친 교양 계층에게 파시즘을 이해시키는 도구가 되는 것이다. 왜냐하면 일반 대중에게는 파시즘이 더 낫다는 것을 굳이 설명할 필요조차 없기 때문이다. 소박한 마음에 남모를 지혜를 갖추었다고 믿는 보통사람은 이미 이 사실을 잘 알고 있으며, 그래서 민주주의 체제가 자신의 문제를 해결해주지 못하는 것에 신물이 나서 거의 자발적으로 파시즘에 눈길을 돌린다.

내가 굳이 '거의'라고 말하는 이유는, 파시즘이 뿌리를 내리려면 때로는 이들로부터 약간의 도움이 필요할 수도 있기 때문이다. 두 이념의 역사적 교체가 시작될 때마다 민주주의 국가는 파시즘을 상당히 적대시하는 경향이 있으며, 파시즘을 불법화하는 등의 노골적이고 거친 방법으로 파시즘에 대항해 자기 체제를 유지하려 한다. 다행히도 파시즘은 기다릴 줄 안다. 파시즘은 헤르페스 균과 같다(원시적인 유기체는 언제나 우리에게 가장 큰 가르침을 주는 존재다). 다시 말해서 파시즘은 민주주의의 골수 안에서 수십 년 동안 생존할 수 있으며, 모든 사람에게 파시즘이 사라졌다고 믿게 한 뒤에야 비로소 그 어느 때보다 바이러스 같은 모습으로 불쑥 나타나는데, 그것이 맨 먼저 민주주의의 면역 체계를 약화시키리라는 것은 불을 보듯 훤한 일이다.

신생 민주주의 국가, 특히 전쟁이나 시민혁명으로 탄생한 민주국가는 파시즘에 발 빠르게 대처하겠지만, 오래된 민주국가라면 파시즘과 싸웠던 기억 대부분을 망각하고는 자신의 슬로건을 지지했던 목격자들을 이미 땅에 묻었을 것이다. 더군다나 쇠퇴하고 부패해진 나머지 자신의 원칙을 다른 정치체제와 절충하는 방안을 더 중요하게 고려할 것이다. 이런 시점에서 파시즘이 재빨리 기회를 잡을 수 있다면, 파시즘은 무기 한 번 들지 않고 전 국토를 지배할 수 있을 것이다. 다시 말해 민주주의 자신이 가진 도구야말로 파시즘이 자리를 잡고 마침내 승리하도록 해주는 토대라는 얘기다.

이런 역사적 순간이 오면, 우리 파시스트들은 지난 세기의 파시즘은 가져본 적도 없는 수많은 대중통제 도구를 마음대로 사용하여 새로운 무언가를 시도할 수 있을 것이다. 즉 낡아가는 민주주의 체제의 심장부에서 들고 일어나서 군사력을 대내외에 전혀 사용하지 않고도 이 체제를 지배할 것이다. 우리는 이처럼 민주주의가 가진 도구들을 조작함으로써 '파시즘'이라는 단어를 전혀 언급하지 않고도 한 나라 전체를 파시즘 국가로 만들 수 있다. 물론 쇠퇴한 민주국가에서도 여전히 약간은 저항이 일어날 수 있다. 따라서 우리는 파시즘의 언어가 모든 의사소통 영역에서 사회적으로 용인되고 어떤 주제에도 잘 들어맞도록 손봐야 한다. 마치 겉면 어디에도 라벨이 없어서 아무도 그 내용을 건드리지 못하고 손에서 손으로 건네는 통조림처럼 말이다.

내용. 이것이야말로 결정적인 문제다. 그렇다, 나는 내용에 문제가 있다는 사실을 숨길 수 없다. 그리고 우리 파시스트들 역시 적어도 처음에는 파시즘이 숨기는 내용을 민주국가에 무리하게 통용시키려고 하지는 않을 것이다. 우리는 지금 어떤 인종이 다른 인종보다 우월하다고 단언하거나, 국익에 반하는 의견을 발언해서는 안 된다고 공공연히 말할 수 있는 시대에 살고 있지 않다. 물론 그런 생각을 품을 수도 있고, 특정 상황에서는 말할 수도 있다. 하지만 현 체제가 그것을 정치적 선언으로 공공연히 표명할 수 있는 체제라고 말하기는 힘들 것이다. 이런 이유로 해서 독자는 이 책에서 '파시스트적 이념'을 정의하는 부분은 전혀 찾아볼 수 없을 것이다. 이념 차원에서 파시즘이 옳다고 주장하는 일은 시간이 너무 많이 드는 일이고, 너무 복잡하고 모순적이어서 시도할 가치가 없다. 그간 민주주의를 찬양해 온 세월이 너무 길고, 기념일도 너무 많기 때문이다. 연합국이 거둔 성과에 너무 많은 이념적 치장이 가해져서, 이제는 누구나 참전용사 할아버지를 기억하지만 아무도 파시스트 할아버지에 대해서는 기억하지 못하기 때문이다. 따라서 이념들의 장점을 비교하는 것은 생산적이지 못하다. 그 대신에 파시스트 방법에 따라 행동하기만 하면, 이념적 내용은 저절로 얻게 될 것이다.

방법과 내용이 정치 분야에서 일치를 이루면, 파시스트 방법은 연금술과 같은 변환의 힘을 발휘한다. 다시 말해서 이념적 편견을 버리고 일단 파시스트 방법대로 해보면, 누구라도 파시스트가 될 수 있다. 왜냐하면 포레스트 검프의 말처럼, 파시스트는 파시스트로 행동해서 파시스트이기 때문이다. 그러므로 이 책은 파시즘의 방법론을 설명하기 위한 지침서다. 특히 이 책은 언어에 대한 지침이다. 우리가 가진 것 중 가장 변용하기 쉬운 문화적 토대가 언어이기 때문이다. 제도를 장악하는 데 필요한 것이 단지 단어의 지시 대상을 바꾸고 모두가 그렇게 말하도록 만드는 것뿐이라면, 굳이 제도를 전복할 필요가 있겠는가? 말이 행동을 낳고 말을 통제하는 자가 행동을 통제한다. 이것이 출발점이다. 우리가 대상에 부여하는 이름과 대상에 대해 말하는 방식, 여기에서 파시즘은 그것을 다시 유행시키기 위한 도전과제를 만난다. 민주주의 지지자를 매일 단한 명이라도 설득할 수 있다면, 우리 파시스트들은 부활할 수 있다. 그것도 위대하게.

변변치는 않지만 교육적 의도에 충실하기 위해 이 책은 짧은 자가진단법을 부록으로 실었다. 이 책을 통해 얻은 파시즘의 이해 정도를 파악하고, 파시즘을 추종함으로써 이룬 진전을 독자 스스로 평가해보도록 하기 위해서다.

# 1
# 수령이 필요한 이유

파시스트가 되기 위해 당신이 제일 먼저 해야 할 일은 민주주의 체제에서 현재 통용되는 '지도자'(leader)라는 단어를 치워버리는 것이다. 민주주의는 모두가 평등한 유토피아를 추구하지만, 평등과 함께 위계질서를 세워야 한다는 모순을 피할 수가 없다. 지도자의 손길이 필요하다는 것은 민주주의 지지자도 부인하지 못한다. 하지만 그들은 기껏 지도자를 선출해 놓고서 과도한 절차주의와 관료주의를 통해 그를 통제하려 든다. 그리하여 결국 그들을 이끌 사람은 가장 힘이 없는 사람이 되고 만다. 민주주의는 독일어로 총통(Führer)을 의미하는 '지도자'라는 단어 이면에 '길잡이'(guiding)라는 전도유망한 개념을 갖춰놓고도, 자신의 강령에 맞추느라 그 본질을 흐리고 있는 것이다. 그래서 카리스마 있는 지도적 인물이 결국 줏대 없는 임시 대표의 꼬락서니를 하고는, 매번 선거 바람에 휩쓸리거나 선거 기간뿐 아니라 자신이 속한 정당 안에서도 표를 구걸할 수밖에 없는 수치를 감내해야 한다. 이런 바보 같은 타협을 '후보 경선'이나 '대권 경쟁' 같은 거창한 말로 부르지만, 그로부터 얻는 것은 늘 부수적인 결과뿐이다. 왜냐하면 대중 투표로 얻은 권력은 너무도 쉽게 변하기 때문이다. 오늘은 그들의 승인을 얻고, 내일은 얻지 못한다. 이것이 모든 것을 불안정하게 만들고, 이런 불안정한 정부야말로 민주주의의 첫 번째 결점이다.

'지도자'라는 혼란스럽고 따분한 개념에 파시즘이 제공할 수 있는 언어적 대안은 무엇일까? 간단하다. '수령'(head)이다. 물론 단어를 바꾸는 게 중요한 건 아니다. 둘 사이의 차이만 분명히 한다면, 우리는 그를 계속 '지도자'라 불러도 상관없다. 지도자는 영감을 주고 방향을 지시하지만 민주주의라는 명분 때문에 적지 않은 대가를 치러야 하는데, 그것은 사람들에게 반드시 그 방향을 따르게 하지는 못한다는 것이다. 그리고 사람들이 이렇게 특정 방향으로 갈 수 없다고 스스로 믿는다면, 우리도 그들이 그 방향으로 가지 않을 거라 확신할 수 있다. 이처럼 지도자가 경쟁을 받아들여야 한다면, 그는 진정한 권력을 가진 것이라고 볼 수 없다. 반면에 진정한 수령은 결코 타협하지 않는다. 그는 방향을 지시하고 직접 첫발을 내디딤으로써,

추종자가 볼 수 있는 것보다 늘 한 걸음 앞서서 무언가를 정복하는 능력을 보여준다. 영감을 불어넣는 지도자의 능력도 물론 대단한 것이지만, 그것은 정치인이 아니라 시인의 것이다. 국가를 운영하려면 행동에 결단력이 있고 추종자를 이끄는 데 주저함이 없는 인물, 어떤 수단 방법을 동원해서라도 장애물을 치우는 인물이 필요하다.

민주적 지도자의 문제는 사람들이 가진 서로 다른 의견에 동등한 비중을 두어 결정을 내리면, 다른 의견을 가진 자들이 꼭 그 결정을 무효로 만든다는 것이다. 수령은 이럴 때 솔직하고 성실하다. 권력을 가진 사람 주위에서 제기되는 수많은 반론을 고려하는 시늉 따위는 하지 않는다. 이런 이유로 해서 그의 결정은 본질적으로 타협 불가능한 것이다. 성공할 수도 실패할 수도 있지만, 일단 그가 집권하면 사람들은 언제나 수령에게 복종해야 한다. 복종하지 않으면 승리의 가능성을 떨어뜨리는 이로 낙인찍히기 때문이다. 줏대 없는 민주주의자와 수령의 차이점은 모두 여기에 있다. 수령은 토론하지 않는다. 모든 국민이 저마다 국가대표 축구팀을 훈련시킬 수 있다고 믿는 나라에서 서로 다른 생각을 하는 사람들과 토론하느라 시간을 낭비하면, 어떤 결정도 내릴 수 없기 때문이다.

수령을 옹립하는 것의 두 번째 장점은 행동 속도에 있다. 권력자가 의사결정의 자유를 많이 가질수록, 선택을 할 때 그만큼 시간을 많이 절약할 수 있다. 상의해야 할 사람이 적기 때문이다. 민주주의 체제처럼 정치적 소수 집단을 하나하나 대변한다면 그만큼 실행 절차는 더뎌진다. 바꿔 말하면, 국민은 그럴수록 이런 일을 참을 수 없는 나태로 여길 것이다. 그렇다 해도 우리는 이런 비효율성이 느림보 민주주의 때문임을 국민이 이해하는 데 시간이 너무 걸릴 경우를 대비해서, 모든 상황을 활용해 의회주의와 대의제를 깎아내리고, 이를테면 '대통령 중심제'를 더 효율적인 대안으로 제시해야 한다. 의견을 양극단으로 몰아가거나 적어도 양측을 서로 갈라놓기 위해서는 강력한 인물 한 명만을 뽑는 선거법을 통과시켜야 한다. 지방자치를 축소하거나 가능하면 제거하는 것도 필수적이다. 그렇게 함으로써 의사결정 구조가 일사불란한 성격을 띠도록 만들거나, 적어도 더 작고 영향력 없는 세부 차원으로 축소되도록 해야 한다.

정당, 위원회, 각종 협의체 등에 대한 대중 참여의 기회를 제한하는 것도 좋다. 누구든 권력을 잡은 사람은 가급적 자유로이 행동하는 게 좋고, 그렇지 않으면 결코 생산적 결과를 얻지 못한다는 생각을 사람들에게 심어주는 데 도움이 될 것이다. 시간은 좀 걸리겠지만 이렇게 수령이 맡는 역할의 중요성이 일단 각인되면, 수령은 사람들이 영웅을 사랑하고 유명인을 따르게 하는 것과 같은 힘을 발휘하여 영감("그처럼 되고 싶다")이 아닌 열망("그가 되고 싶다")의 모델로 떠오를 것이다. 이런 일이 가능하려면, 민주적 협상제도란 죄다 아무 일도 하지 않는 무익한 관료주의 막장에 불과하다고 주장하는 것이 매우 중요하다. 사람들이 이런 주장을 많이 들을수록, 해야 할 바를 아는 강력한 개인의 손에 권력을 쥐어주는 것이 논리적으로 유일한 결론이고, 나약한 국민 의견에 귀 기울이는 것보다 이쪽이 더 효율적이라는 것을 당연하게 받아들일 것이다.

경제적인 면에서도 지도자보다 수령이 더 낫다. 책임이 한 사람에게 있으면, 이끄는 이가 이끄는 대상과 끊임없이 상의해야 하는 경우보다 비용이 훨씬 적게 드는 게 당연하다. 민주주의에 비용이 많이 드는 것은, 서로 다른 입장들 사이에서 다양한 수준의 견제와 균형을 유지하면서 이런 입장들을 동시에 대표해야 하기 때문이다. 하지만 이렇게 하면 시간이 더 들 뿐 아니라 대표자들 다수에게 보수까지 지불해야 한다. 수령이 싸게 먹히는 이유는 혼자서, 또는 소수의 충성그룹과 더불어서만 결정을 내리기 때문이다. 그들을 선택된 집단이라 부르든, 공정위원회라 부르든, 핵심 이너서클이라 부르든, 그건 중요하지 않다. 중요한 건 결정을 내리는 사람이 적을수록 우리가 내는 돈이 적어진다는 것이다. 지금이 제 이름을 붙이기에 알맞은 시간이라면, 우리는 비용이 극히 적게 드는 이 정부 형태를 독재 정부라고 불러도 좋을 것이다. 왜냐하면 오직 한 사람만이 보수를 받기 때문이다. 물론 그렇다 해도 여전히 자원을 도덕적으로 관리하는 수준과는 거리가 있다. 다만 엄선된 소수와 함께 결정을 내리는 수령을 뽑을 수 있다면, 이미 현재의 비용을 절감하는 데 큰 진전을 이룬 셈이다.

그것과는 별개로, 민주주의 정부 탓에 우리가 돈을 얼마나 내고 있는지 끊임없이 지적하는 것으로도 이 정부를 제거하는 발판을 마련할 수 있을 것이다. 우리가 얼마나 많은 돈을 의원들에게 주고 있는지 모든 사람에게 상기시키자. 그들의 연봉, 수행원, 연금, 그리고 모든 형태의 정당 보조금을 줄이자고 계속 요구하자. 확실히 이것은 쉽게 합의에 이를 수 있는 토론 주제다. 왜냐하면 정치인 보수가 너무 많다고 생각하지 않는 사람은 거의 없기 때문이다. 이런 주장을 줄곧 하다보면, 민주주의 신봉자조차도 민주주의야말로 우리로 하여금 너무 많은 돈을 내게 하는 체제라고 믿게 될 것이다.

하지만 지도자 대신 수령을 두는 것의 가장 큰 장점은 다른 부분에 있다. 그것은 바로 권력자가 자신의 권력 아래에 있는 사람들을 주물러서 궁극적으로 두 당이 서로 비슷해지도록 이끄는 과정을 시작한다는 것이다. 민주적 지도자를 가진 집단에서는 늘 큰소리로 이의를 제기하고, 내키지 않는 결정에는 토론하자고 목소리를 높이거나 찬반 합의를 취소하려 든다. 권위를 존중하지도 않고, 걸핏하면 거리에 나가 항의하며, 고마워하지도 순종하지도 않는다. 반면에 수령을 택한 사람들은 그를 신뢰하고 따르며, 결정권자의 우수한 통찰력을 인정하고, 끊임없이 간섭하지도 않는다. 이들도 가끔 거리로 나서겠지만, 그것은 지도력이라는 무거운 짐을 기꺼이 짊어진 사람을 지지하고 칭송하기 위해서이다.

수령을 받아들이는 사람들은 더 나은 삶을 누리고, 우리 모두의 내면에 있는 주인에 대한 갈망에 따라 그에게 의지한다. 힘센 자를 우러르는 이 경향은 심지어 1500년대에 독재 정부의 위험성을 사람들에게 경고했던 에티엔 드 라 보에티(Étienne de La Boétie)조차 부인하지 못한 사실이다. 보에티는 그의 저서 『자발적 복종』에서 우리가 사회적 다수를 단수로 부를 때마다 폭정을 편들고 있는 것이라고 주장했다. 그게 사실이라면 얼마나 좋을지! 슬픈 사실은 이것이 현대 파시스트에게는 유토피아적 목표에 불과하다는 것이다. 총통, 왕, 호민관이 전 인민을 혼자 지배할 수 있는 시대는 끝났다. 하지만 한 사람을 우러르는 경향을 이용한다면, 최소한 다원주의를 제한하고 민주적 제도를 잠식해서, 되도록 많은 선수를 경기장에서 쫓아낼 수는 있을 것이다. 그리하여 일단 국민이 수령을 받아들이는 게 낫다는 것을 알면, 그 다음 단계는 선전을 통해 그 승인을 유지하고, 그것을 가능한 한 효율적이고 사소하게 만드는 것이다. 당신은 제대로 읽었다. 나는 '사소하게'라고 했다.

2

# 모든 일을 사소하게

민주주의는 합의가 아니라 이견에 기초한 어리석은 정부 형태다. 불행하게도 이것은 내게 의견이 있으면 다른 사람 모두가 얼른 그 의견을 듣고 싶어 한다고 믿는 것을 의미한다. 기나긴 민주적 만담의 세월이 사람들을 이렇게 망쳐놓았다. 그들은 권력자들 사이에도 이견이 있을 수 있으며, 국가 통치에 드는 시간 중 일부는 줄기찬 토론에 쓰여야 한다는 생각에 익숙해 있다. 그 결과는 당연하게도 비효율성이다.

얼마 전까지만 해도 이런 버릇없는 태도가 가져올 혼란에 대처하는 효율적 체제가 있었다. 예컨대, 파시즘은 반체제 인사를 색출해서 추방하고 고립시키거나, 아무도 그들의 말을 들을 수 없는 감옥으로 보내 침묵시켰다. 또는 끊임없이 다른 의견을 제시하여 나라 걱정하는 사람들을 방해하는 것보다 수령의 생각에 동의하는 편이 낫다는 점을, 필요하다면 무력을 써서라도 모두가 받아들이게 했다.

불행하게도 인터넷의 등장으로 상황이 급변했다. 누군가를 외딴 섬에 가둔다 해도, 우리는 무슨 신호나 접속이 없는지 확인해야 한다. 온라인 공간, 소셜 미디어, 인터넷 생방송이 사람들 간의 거리를 없애고 목소리를 증폭해서, 말을 하지 못하도록 누군가를 막는다는 것이 사실상 불가능해졌기 때문이다. 그러나 이런 것들이 결정적 문젯거리로 떠올랐다 해도, 파시즘은 문제에서 기회를 만들어내기를 결코 피한 적이 없다. 혼란을 끝낼 수 없다면, 그 혼란을 이용해 목표를 더 밀어붙여야 한다.

현대 문물이 파시즘의 발전에 놓은 장애물은 수령뿐 아니라 모든 사람에게 목소리를 낼 수 있는 길을 열어주었다는 것이다. 그렇다면 최선의 파시스트 해결책은 그들이 말을 하도록 내버려 두는 것이다. 모두가, 언제나, 동시에, 모든 사안에 대해, 어떤 우선권이나 권위도 없이 말을 할 수 있게 하는 것이다. 과거에는 수백만의 사람이 TV와 신문을 판단 기준으로 삼았다면, 오늘날에는 소셜 미디어에서 댓글을 달거나 공유를 하거나 '좋아요'와 '싫어요'를 누르며 인생을 다 보낸다. 그리고 그걸 막을 이유가 없다. 모두가 그렇게 하면 각각의 목소리가 다른 소리와 구별되지 않아서, 결국 모두 무의미한 얘기가 되기 때문이다.

민주주의란 우리 모두 동등하다고 주장하는 것이라고? 그렇다면 모든 의견을 동등하게 놓고서 이 주장을 입증해보자. 만일 그 어떤 의견도 다른 의견과 다르지 않다고 모두가 믿는다면, 결국 다른 사람보다 더 존중해야 할 사람은 아무도 없을 것이고, 모든 사물과 생각과 사람이 마치 똑같은 카드 한 벌에서 뽑은 것처럼 교환 가능해질 것이다. 그러니까 우리 파시즘 지지자들은 의견들 사이에 권위를 매기는 그 어떤 원칙에 대해서도 트집을 잡아서, 의견을 낸 사람이 누구건 간에 진실과 거짓을 더 이상 구별할 수 없게 해야 한다. 그렇게 하려면 우리는 먼저 도덕적 권위나 과학적 권위를 가진 공인, 즉 다른 사람보다 더 많이 안다고 생각되는 사람, 이른바 전문가를 무너뜨려야 한다.

의사? 거대 제약회사의 하수인일 뿐이다. 기후과학자? 무책임한 유언비어 유포자다. 통계학자와 경제학자? 엘리트 집단이 매수한 숫자놀이꾼이다. 작가? 안락의자 속 행동가일 뿐이다. 사실 지식인이나 전문가가 된다는 것은 불편함을 감수해야 한다는 뜻이다. 그들이 도대체 어떤 목적으로 일하는지 아무도 모르기 때문이다. 그들이 진정 민주적이라면 이런 점을 지적하는 것만으로도 부끄러워할 것이다. 이렇게 하여 전문성과 경험을 완전히 무효화하면, 결국에는 실제로 듣는 사람은 아무도 없는데도 누구나 말하는 상태가 될 것이다. 그 결과 새로운 미디어를 통제하는 자는 여전히 예전 미디어를 통제했던 사람으로 남을 수 있을 것이다. 그러나 이와 더불어 새로운 이점이 있으니, 모두가 더 이상 침묵을 강요당하지 않고 자신을 표현하고 있다고 확신한다는 것이다. 물론 이렇게 반대를 표명할 수 있다는 것이 민주적일 수는 있겠지만, 다행히도 반대 자체로 변화를 일으키지 못한다면 민주주의를 만들어내지도 못한다.

소셜 미디어는 파시스트가 향후 나아갈 길을 설계하는 데 아주 유용한 잠재력을 품고 있다. 소셜 미디어는 일련의 플랫폼으로, 수령은 그것을 통해 사람들에게 직접 말할 수 있고, 그럼으로써 걸핏하면 그의 메시지를 왜곡하는 중개자를 배제할 수 있다. 반대당의 돈을 먹은 기자도 없고, 유도질문을 받지 않아도 된다. 아무도 더는 신문을 읽지 않기에 지면 인터뷰를 할 필요도 없다. 잡지에 실리는 고민상담 칼럼처럼 '수령님에게 물어보세요' 같은 구어체로 사람들에게 격식 차리지 않고 직접 다가갈 수 있다.

이렇게 하면 수령은 모든 요구에 귀를 기울이는 듯한 인상을 줄 것이다. 비록 무엇을 답하고 무시할지 결정하는 것도 그일 테지만 말이다. 불행한 것은, 이렇게 한다고 해서 기자가 적어도 당장은 사라지지 않으리라는 것이다. 다시 말해서 그들도 다른 모든 사람과 마찬가지로 질문을 할 것이다. 하지만 이런 구조에서는 그들의 질문 역시 다른 사람의 질문과 다르지 않게 여겨질 것이고, 답을 얻지 못한다 해도 그저 인터넷상의 소음을 더한 것으로 여겨질 것이다. 반면, 수령의 답변은 수천 번씩 공유될 것이다. 왜냐하면 새로운 미디어에서는 사실상 모두가 평등한 게 아니기 때문이다. 즉 당신이 보잘것없는 사람이라면 다른 보잘것없는 사람과 평등하겠지만, 만일 당신이 권력의 자리에서 소셜 미디어라는 도구를 사용해보면 권력이 무엇인지 느낄 수 있을 것이다. 파시스트 방식으로 사용하면 모든 도구가 파시즘에 유용하다.

이런 도구가 갖는 거부할 수 없는 장점으로는 짧고 명확하며 기억하기 쉬운 메시지를 전달하는 데 아주 효과적이라는 점을 들 수 있다. 공개 해명, 장시간의 TV토론, 또는 내막을 알아내기 위한 특별 청문회도 더 이상 필요 없게 될 것이다. 이런 것들은 결국 혼란만 부채질할 뿐이다.

민주주의에 억지로 관심을 갖고 참여해온 보통사람으로서는 파시즘 아래 사는 것이 더없이 행복하게 느껴질 것이다. 자기 일에만 전념하고 그 밖의 모든 것은 수령에게 기꺼이 위임할 수 있기 때문이다. 따라서 그들에게 지금 무슨 일이 일어나고 있는지 낱낱이 이해시키려고 하는 것도 시간 낭비가 될 것이다. 그저 결정을 내리는 사람을 신뢰하는 데 필요한 정보만 제공하는 것으로도 충분하다. 심지어 그런 정보들이 늘 진실인지 확인시켜 줄 필요도 없다. 왜냐하면 진실 자체가 존재하지 않기 때문이다. 진실이란 정치판에서 돌아가는 세부를 가리키는 것이지 참된 무엇이 아니다. 따라서 정치를 지배하는 자가 언제나 진실도 지배한다.

민주주의자와 달리 파시스트가 대중과 소통하는 이유는 이해를 구하기 위해서가 아니라 반복하기 위해서다. 그러므로 인터넷 시대에 파시스트가 되는 것은 행운이다. 왜냐하면 인터넷이야말로 반복을 위해 고안된, 힘이 덜 드는 도구이기 때문이다. '공유'라는 것이 단일 출처에서 나온 단일한 메시지를 무한 반복하는 것이 아니라면 무엇이란 말인가? 국민들은 몇 개의 키워드와 단순한 슬로건만을 사용해서, 심지어 그것에 해시태그를 붙여서, 과거에는 담당부처 전체가 맡았던 일들을 자발적으로 맡을 것이다. 그러면서도 보너스로 자신이 메시지 수신자가 아니라 출처라고 믿을 것이다.

이 지점에서 혹자는 파시즘이 소셜 미디어를 통해 메시지를 단순화해서 전달하려 한다고 생각할지도 모르겠다. 하지만 그것은 민주주의를 믿는 이들이 자주 오해하는 부분이다. 복잡한 것을 단순하게 만들어서는 안 된다. 복잡한 것은 사소하게 만들어야 한다. 단순화는 그 자체로도 어려울 뿐 아니라, 불필요한 부분을 제거하고 본질적인 것만 남기는 것을 의미한다. 하지만 모든 목소리를 똑같이 만들고 성가신 반대를 무력화하는 백색소음의 유용성은 바로 그 불필요한 것에서 나온다.

단순화 대신 우리가 할 일은 사소한 메시지들을 대거 만들어내는 것이다. 사소한 메시지들의 물결을 만들어야 한다. 사소화를 통해 국민에게서 본질적인 부분은 제거하고 (그것은 수령만의 특권으로 두어야 하므로) 불필요한 것만 남김으로써, 국민이 행복하게 살기 위해 알아야 할 것만 빼고는 무엇이든 말할 수 있게 하는 것이다. 그리 어렵지도 않은 일이다. 아무리 상황이 복잡해도 해결 방안이 최소 스무 개는 있는 법인데, 사람들은 대개 단 하나, 커다란 두려움으로만 그것을 받아들인다. 그 두려움을 찾아내 메시지로 만드는 것이 아무도 신경 쓰지 않는 스무 가지 해결책을 한두 개로 단순화하는 것보다 훨씬 효과적이다. 왜냐하면 사람들은 가능한 해결 방안들에 대해 논의하기를 원하는 게 아니라 자신의 두려움을 없애주기를 원하기 때문이다. 요컨대 두려움은 모든 사람에 해당하지만 해결책은 수령만을 위한 것이다. 만일 어떤 불만 심리가 널리 퍼져나가고 있는데 수령이 아직 해결책을 내놓지 못했다면, 최고의 사소화 전략은 국민에게 비난할 적을 제공하는 것이다.

# 3

# 적을 만들어라

적 없이는 파시스트가 될 수 없다. 파시즘이 자신을 내세우려면, 대적할 다른 무엇이 필요하기 때문이다. 혹자는 민주주의도 다를 바 없다고 생각할지 모른다. 투표를 할 때마다 결국은 다른 사람에게 반대하는 누군가를 뽑는 셈이기 때문이다. 하지만 이것은 절대로 사실이 아니다. 왜냐하면 민주주의 신봉자는 의견이나 신념의 차이가 정당한 것이라는 생각을 버리지 못하며, 상대에 대해 이해할 수 없는 관용의 태도를 견지하기 때문이다. 따라서 그들은 정치적 반대자를 '적'(enemy)이라고 부르기는커녕 '상대'(opponent)라고 부르는데, 의견 차이가 있음에도 여전히 상호인정의 틀 안에 남겨두어야 하는 쓸모없고 짜증나는 인물을 그렇게 부르는 것이다. 이것은 마치 격투기 시합에서 서로 치고받은 후에 두 사람 모두 고개 숙여 인사하는 것과 비슷하다.

민주국가에서는 상대가 생각을 말하고, 같은 생각을 가진 사람들을 조직하고, 나아가 그것을 정치 목표로 제시하여 승인을 받을 기회를 빼앗지 않는다. 심지어 그 상대가 정권 교체기에 권력의 자리를 이을 것으로 예측되는 경우에도 그렇다. 비록 속으로는 상대방이 실제로 뒤를 잇는 일이 절대 없기를 바라지만 말이다. 게다가 민주국가에서는 상대가 패배해도 여전히 골칫거리로 남는다. 왜냐하면 야당으로 남기 때문이다. 당신은 그들을 절대 없앨 수 없다. 그들은 항상 저편에 남아서 당신의 발걸음 모두를 지켜보고, 당신의 실수를 부각시키려 하며, 당신의 공약 불이행을 모두에게 상기시킴으로써 약속을 지키도록 강요한다. 현실 세계 어디에서도 이렇게 성가신 자를 가까이 두지 않겠지만, 민주주의는 당신이 결정을 내리는 바로 그 자리에 이런 종류의 사람들이 앉아있도록 하는 체제이다. 그러므로 민주주의를 최악의 정부 형태라고 해도 전혀 어불성설이 아니다.

모든 것에 정당성을 부여하는 민주주의의 이런 경향은 의심할 바 없이 어리석지만, 파시즘에는 아주 유용하다. 예컨대 선거에 나갔을 때 "우리는 파시스트입니다"라고 명시적으로 말하는 것만 조심스레 피한다면, 민주주의 바보들은 우리를 단지 생각이 다른 상대로 믿고서, 선거전에 뛰어들어 표를 얻게 하고, 심지어 권력까지 쥐도록 놓아둘 가능성이 아주 크다. 이것은 트로이 신화와도 비슷하다. 민주주의를 포위할 필요가 없다. 그저 목마를 만들어 놓기만 하면, 민주주의 제도가 스스로 우리에게 문을 활짝 열 것이다. 나를 '적'이 아닌 '상대'로 소개하는 것은 훌륭한 트로이 목마 전략이다.

하지만 우리 중 누군가는 당연히 다음과 같은 의심을 할 것이다. "그런데 진보나 보수 민주주의자가 정말로 우리를 실제 파시스트가 아니라고 믿을까?" 물론이다. 이유는 명백하다. 그들로서는 한마음 한뜻으로 파시즘이 존재하지 않기만을, 즉 파시즘은 과거의 유물이며 다시 나타날 가능성이 없기만을 기원하기 때문이다. 따라서 그들은 우리가 늘 여기에 있었고, 한 번도 떠난 적이 없으며, 오랫동안 재정비를 해왔다는 사실을 알려주는 모든 징후를 자발적으로 무시할 것이다. 우리를 '향수에 젖은 자' '대안 우파' '국수주의자' 등등으로 부르겠지만, '파시스트'라는 단어로 부르기는 누구보다 꺼릴 것이다. 왜냐하면 그 단어로 우리를 깨우기보다는(우리는 이미 완전히 깨어 있으므로) 그들 자신의 유령을 다시 깨울 것이기 때문이다.

그럼에도 누군가 눈치를 채고서 '네오'(neo-)라는 접두어를 붙이건 안 붙이건 '파시스트'라는 말을 들먹이면서, 우리가 선거에 출마하거나 선거 본부를 차리게 놓아두어서는 안 된다고 뻔뻔하게 요구하고, 심지어 우리를 상대로 줄소송을 제기한다면, 그때야말로 '상대'라는 이름의 트로이 목마를 풀가동해야 할 시점이다. 이때 우리가 할 일은 울부짖는 것이다. "보셨습니까? 저 사람은 사실 민주주의를 믿지 않습니다! 그는 반대 목소리를 잠재우려 합니다. 다양성, 다원주의, 자신과 다른 의견을 짓밟으려 합니다!" 이렇게 하면 불가능한 일이 일어날 것이다. 작은 기능적 결함 때문에 반민주적이라는 비난에 처한 민주 진영은 합선을 일으킬 것이며, 심지어 우리 입을 틀어막으려는 이들이야말로 진짜 파시스트라는 생각이 민주주의 지지자들에게 들기 시작할 것이다. 이것이 민주주의의 묘미이다. 파시즘과 달리 민주주의는 언제나 그 자신에게 불리하게 사용될 수 있다.

그러나 이런 '상대' 놀이는 체제 안으로 들어갈 때는 도움이 되지만, 일단 안으로 들어가면 솔직하게 행동해야 한다. 즉 상대는 없고 오직 적만 있다. 적에 대해서는 질문할 게 없다. 우리는 지금 체제의 일부인 누군가가 아니라 기형적인 존재, 암적인 존재에 대해 말하고 있는 것이다. 하지만 민주주의자들에게는 그냥 '상대'라고 부르도록 놔두어라. 당신이 적일 때는 특히 그렇게 하라. 그러면 당신에 대해 언급할 때마다 그들은 당신을 체제의 일부로 정당화하게 된다. 반면에 당신은 최대한 빨리 그들이 누구인지를 말하라. 즉 '적'이라고 불러라.

그리 어려운 일도 아니다. '상대'는 개인이든 파벌이든 쉽게 눈에 띄는 성가신 성향을 지닌 존재다. 하지만 '적'에게는 고정된 정체성이 없으며 어떤 때는 이름조차 없으므로, '이민자' '무슬림' '시장주의자' '자유주의자' '운동가' '세계주의자' '아나키스트' '페미니스트' 등 일반적이고 모호한 범주들 가운데서 얼마든지 찾아낼 수 있다. 이런 호칭을 통해 우리는 누구든지 적으로 부를 수 있다. 심지어 우리의 존재조차 모르는 사람까지도 말이다. 이것의 장점은 우리로 하여금 완전히 일방적으로 싸울 수 있게 해준다는 것이다. 왜냐하면 적이 어떻게 반응하든 우리는 계속 그들을 이용할 수 있기 때문이다. 즉 적은 존재하기만 하면 된다. (그리고 때로는 실제로 존재할 필요도 없다.)

좀 더 효과적으로 상대를 적으로 바꾸려면, 민주주의 체제의 일부인 건전한 스포츠맨 정신 따위는 아주 사소한 부분까지 남김없이 버려야 한다. 즉 적은 존중받을 필요가 없다. 그렇게 하지 않으면 그들을 없앨 수 없다. 그들을 완전히 제거하기 전에 자꾸 멈추면, 적을 없애는 과정은 영원히 되풀이될 것이다. 파시즘의 어휘가 시간을 낭비하는 민주주의의 어휘와 다르다는 것을 사람들에게 확실히 이해시키려면, 우리는 반드시 적을 기형적인 존재로, 심지어 인간이 아닌 존재로 묘사할 필요가 있다. 예를 들면 인간의 부정적인 면을 상징하는 동물에 비유하는 것이다. 선택할 만한 단어는 많다. 이를테면 기생충, 젖소, 벌레, 상어, 암캐, 대머리수리, 돼지, 해충, 침팬지, 바퀴벌레가 있다. 겁쟁이 양떼라 불러도 좋고, 상황에 따라서는 동물로 총칭해서 불러도 꽤 효과적이다.

적을 가리키는 용어로 동물 이름을 붙이는 게 마땅치 않다면, 실제 이름을 깎아내리거나 신체적 결함을 강조하는 별명을 사용할 수 있다. 일부를 활용해서 전체를 지칭하는 것이다. 예컨대 키가 작으면 난쟁이라고 불러라. 이름이 놀려먹기에 적당하면, 그 발음이나 뜻을 가지고 장난을 쳐라. 흑인이라면 피부색에 대해 언급할 수도 있다. 만약 대중이 그것에 화를 낸다면, 그저 농담을 한 것뿐이며 이런 종류의 말은 정당한 정치적, 풍자적 논평에 해당한다고 주장하면 그만이다. 민주국가라면 분노를 가라앉힐 수밖에 없다. 하지만 그러는 사이에 엉터리 이름, 별명, 신체적 결함이 모든 사람의 뇌리에 각인되어 이전에 존경받던 상대는 조롱과 경멸과 혐오의 대상이 될 것이다. 다시 말해서 진짜 적이 될 것이다.

정당성을 깎아내린 다음의 두 번째 단계는 비난이다. 하지만 '상대'를 비난하는 일은 항상 어렵다. 상대는 저마다 독특한 개성과 생각을 가지고 그만의 행동을 하므로, 오로지 그가 실제로 한 일에 대해서만 비난할 수 있다. 반면에 '적'은 실질적인 정체성이 없으므로 당연히 어떤 것으로든 비난할 수 있고, 책임을 전가하는 과정에 시동을 걸 수 있다. 가령 한 명의 적이 저지른 잘못을 그가 속한 범주 전체에 적용할 수도 있다. 흑인이 여성을 강간했다고? 모든 흑인은 강간범이다! 어떤 무슬림이 알라를 외치며 사람들이 붐비는 공간에 들어섰다고? 예언자 무함마드를 따르는 자는 모두 잠재적 테러리스트다! 아래층에 사는 파키스탄 제빵사도 마찬가지다! 그가 오븐용 장갑 외에는 그 어떤 것도 손에 쥐어본 적이 없다 해도 말이다. 이와 반대로 그들이 선행을 한 경우에는 이런 도덕적 전이를 해서는 절대 안 된다. 선행이 공개적으로 인정을 받을 때도 반드시 그 개인의 예외적 행동으로 남겨두어야 한다.

여기서 중요한 건 민주주의자들과 달리 우리는 바보가 아니라는 점이다. 다시 말해 누군가 우리에 대해 똑같은 수사학적 무기를 사용하는 것을 피하기 위해, 우리들은 각자 좀 더 특화될 필요가 있다. 그러려면 긍정적인 평가를 제외하고는 우리들에 관한 어떤 일반화도 확산되지 못하도록 막아야 한다. 우리 같은 유의 사람은, 아니라는 게 증명되기 전까지는 당연히 모두 좋은 사람이라고 사람들이 늘 믿도록 해야 한다. 심지어 우리들 중 누군가 거리에서 총으로 사람을 쏜다 해도, 그는 예외적일 뿐 아니라 이런 행위를 책임질 수 없는 미치광이 단독범이라고 설명해야 한다. 이렇게 하면 그의 잘못을 우리에게 전가하기가 훨씬 힘들어질 것이다.

이런 식의 수사학 게임에서는 여성을 강간한 백인 남성은 언제나 그리고 영원히 그 남성 자신만을 대표할 것이고, 흑인 이민자는 다른 모든 흑인과 모든 이민자를 동시에 대표할 것이다. 이런 적 만들기 작업을 강화하려면, 같은 범죄라도 우리 중 하나가 아니라 외부인이 저지를 때 훨씬 더 나쁘다는 생각을 퍼뜨리는 것도 유용하다. 그렇게 하면 적이 결코 우리보다 낫지 않고 모든 면에서 우리보다 못하다는 생각을 확실히 심어줄 수가 있다. 어쨌든 적은 절대 우리와 동등하지 않다.

이렇게 묘사된 적은 모든 필수적 토론 참여자에서 제외시킬 수 있다. 더는 반대할 필요도 없고, 싸움이 끝난 뒤 정중하게 고개 숙여 인사할 필요도 없다. 무력을 쓰든 안 쓰든, 적은 파괴되어야 하고 사회에서 제거되어야 한다. 이런 수준의 혐오는 정치적으로 올바른 민주주의 테두리 안에서는 달성하기 힘들다. 하지만 할 수 있다. 그러려면 우리는 적으로 설정한 범주의 사람들과 다른 사람들이 대화를 나눌 가능성을 끊임없이 낮춰야 한다. 예를 들어, 모든 이로 하여금 우리 문화와 적의 문화가 양립할 수 없다고 굳게 믿도록 하여 대화를 나누는 것 자체를 무의미하게 만들어야 한다. 우리는 적을 불가사의한 힘을 감춘 세력으로 만들 수도 있고, 손에 미치지 않는 뭐라 규정할 수 없는 자들, 우리의 종말을 늘 계획하는 세력으로 만들 수도 있다. 이렇게 하면 타협을 하려는 모든 시도가 불길한 함정처럼 보이게 될 것이다. 이 전략은 음모론을 활용하면 더 나은 효과를 낸다. 매일 아침 만나서 커피를 마실 수 있는 적보다는 입증할 수 없는 적을 증오하기가 더 쉽기 때문이다.

그러면 적을 가장 잘 나타내는 범주는 어떻게 선택할 수 있을까? 적은 언제나 위협적으로 보여야 한다. 똑바로 설 힘조차 없는 사람은 적이 될 수 없기 때문이다. 문제는 파시즘에 도움이 되는 적이 대체로 위협적으로 보이지 않는다는 것이다. 하지만 그들은 위협적이다. 아프리카와 중동에서 배를 타고 오는 이민자는 위협적인 존재다. 그러나 그렇게 보이려면 우리는 그것에 적절한 맥락을 부여해야 한다. 이민자 중 일부는 전쟁과

기근으로부터 도망친 임산부와 어린아이이지만, 그 안에는 항상 희망에 찬 힘세고 젊은 남성이 있으므로, 직업과 여성을 놓고 다투는 영역에서 잠재적 경쟁력이 있다. 만약에 그들이 이곳을 장악한다면, 우리는 어쩔 수 없이 그들 고향의 문화와 종교로 인한 갈등을 겪을 수밖에 없다. 그런 자들에게 피해자 이미지를 씌우는 것은 기만적이고 동정심을 자아내기 위한 짓이다. 우리는 사람들이 그들에 대해 동정심을 느끼도록 내버려둬서는 안 된다.

이 연약한 존재들을 위협으로 만드는 방법으로는 딱 하나가 있다. 우리 자신을 훨씬 더 연약하게 만든 다음, 두 연약한 존재를 맞대놓고 비교하게 하는 것이다. 그들이 일자리를 찾는다고? 우리는 아예 시도조차 못하는데! 그들이 자기들의 예배당을 갖고 싶어 한다고? 우리 종교를 믿는 사람들은 그들이 온 나라에서 박해와 죽임을 당하고 있는데! 그들이 전쟁을 피해 도망친 사람들이라고? 우리 노년층이 먼저 아닌가? 게다가 젊은 층마저 해외에서 기회를 찾고 있고, 가족 모두가 빈곤의 위기에 처해 있는데! 만일 이 게임이 사형집행인 대 희생자 구도가 된다면 우리는 이미 진 것이다. 아무도 굶주린 자 앞에서 문을 쾅 닫는 냉혈한이 되고 싶어 하지는 않기 때문이다. 반면 우리 모두가 피해자라고 하면, 연약하다는 점에서 우리는 동등하게 되고, 누구도 다른 사람에 대해 의무감을 가질 필요가 없게 된다. 그러므로 우리는 우리 자신을 좀 더 연약한 존재로 만들 필요가 있다. 단결했지만 깨지기 쉽고, 지칠 대로 지치고 버림 받았으며, 홀로 세계(선진강국, 시장, 외세 등등)에 대항하고, 그간 이룬 경제 발전의 발목을 잡았을 수도 있는 각종 문제를 묵묵히 견딘 희생자로 묘사할 필요가 있다. 그럼에도 불구하고 파시즘이 완전히 자리 잡기 전까지는, 외부자가 내부자보다 피해자로서의 권리를 더 많이 갖는다고 주장하는 사람이 늘 나올 것이다. 이런 유형의 수사학에 대항하려면, 우리는 인정사정 보지 말고 그들의 정당성을 깎아내리는 공격을 해야 한다.

그 사람 미담 중독자네! 인신매매 옹호자 아냐? 이런 안락의자 행동가라니! 흑인만 애인으로 찾는 여자도 있지! 교황님도 말했다고? 이봐, 교황이야 기꺼이 그들을 바티칸으로 받아들이려 하겠지만, 그보다는 먼저 교회에 이미 만연한 참상과 부패를 살펴봐야 하는 거 아냐? 바다에서 어린 시신이 떠밀려오거나 중남미 이민 행렬에서 죽은 사람이 나올 때마다 울음을 참지 못하겠다고? 나는 당신이 쥐꼬리만 한 국민연금으로 근근이 살아가는 어르신을 보고 우는 모습은 한 번도 본 적이 없네. NGO? 인신매매 공범에 불과하지. 난민 프로그램에 따라 일한답시고 그 가난한 사람들을 등에 업고 이익이나 취하잖아.

공격 방법은 무궁무진하지만 결론은 언제나 같다. 사람들은 피해의식과 위협을 많이 느낄수록 자신을 방어하기 위해 더욱 단결할 것이고, 그들을 인도하고 보호해줄 강력한 우두머리를 찾을 것이다.

# 4

# 모두를 위한 일이라고
# 말하라

세상은 험난한 곳이다. 우리는 안팎으로 적들에게 둘러싸여 있다. 국경 안에서 우리는 높은 실업률, 조국을 떠나는 최고의 인재, 월말까지 남아나지 않는 급여, 보건복지예산 삭감, 그리고 누구의 미래도 더 이상 보장해주지 못하는 교육과 매일같이 싸워야 한다. 국경 밖에서는 해외시장이 우리 기업이 도움을 구걸하기를 군침 흘리며 기다리는 사이, 우리 기술자와 노동자들은 실업에 시달리며 정부 지원금이나 쫓아다니는 신세다.

　문화적 위협도 걱정거리다. 전 세계가 우리 국경을 넘어서 그들의 뒤떨어진 관습과 피비린내 나는 종교, 악취를 풍기는 요리, 사물을 바라보는 이상한 관점을 강요하려고 안달이다. 그들은 우리를 바꾸려 한다. 그리고 그렇게 하기 위해서 우리의 연대감을 이용한다. 이곳으로 건너와서는 피난처를 요구하고, 우리처럼 되고 싶다는 핑계로 서서히 우리를 그들처럼 만든다. 그것은 케밥을 먹는 것으로부터 시작하여, 그들의 정서에 거슬리는 종교적 형상을 모두 제거하고, 우리의 자랑스러운 뿌리와 정체성을 빼앗는 것으로 끝난다. 그들은 민족을 대체하려 하고, 우리가 아이를 적게 낳는다는 사실을 이용해서 (마치 우리가 이렇게 불안정한 현대 세상에서는 아이 낳지 않기를 선택이라도 했다는 듯이!) 수백 명의 젊은이를 파견한다. 그들은 가난하게 시작해서 똑같은 음식만 먹고 헌 옷을 입지만, 내일은 덜 가난할 것이고, 우리와 같은 권리, 우리 일자리, 우리 여자들을 요구할 것이다. 그들은 우리가 되기를 요구할 것이다.

민주주의와 달리 파시즘이 우리를 지켜줄 수 있는 이유는 이 모든 것이 위협임을 간파하기 때문이다. 민주주의 지지자는 경제에 관해서라면 결코 평등주의 좌파로 보이기를 원치 않는 사람조차도 문화적으로는 다양성이라는 이념을 너무 가까이한다. 즉 세상의 다양성이 주는 즐거움에 취해서 상대에게서 배우려 하고, 이국적 음식, 다문화주의, 세계교회주의(ecumenism) 등등을 너무 가까이하며, 섞일 이유가 없는 것들을 섞는다. 그러는 동안 세상은 험난한 장소로 남는다. 우리는 날이

갈수록 약해질 것이고, 따라서 우리의 유일한 희망은 우리가 가진 것을 총동원해 우리를 지키는 길밖에 없다. 즉 계속되는 공격에 맞서 우리를 인도해줄 사람에게 의지하는 것이다. 아마도 이 시나리오를 과잉반응이라 여길 사람이 많겠지만, 다가올 종말에 놀라기보다는 그것을 미연에 방지하고 대비하는 편이 훨씬 나을 것이다.

민주주의는 순진하게도 진보와 인류의 긍정적인 잠재력을 늘 믿기에, 이 모든 것에 대항하기에는 가장 적합하지 않은 수단이다. 특히 대부분의 민주주의 제도가, 있는 그대로의 위협을 인식하는 데 방해가 되는 평등, 연대, 인권과 같은 가치에 터하고 있기 때문에 그러하다. 민주주의는 혈연과 지연으로 얽인 사람들을 제외한 모든 인간이 위협적인 존재라는 점을 잘 인식하지 못하는 경향이 있다. 동정심이 넘치는 수많은 민주 국가가 좋아하는 '인간답게'라는 주문은, 우리 인간이 다른 종을 사냥했기 때문에 지구를 지배하는 종이 될 수 있었다는 사실을 도외시한다. 자연 세계에서 인간다움이란 생존을 도모하고, 다른 어떤 것보다 자신을 우선시하며, 타인은 물론이고 필요하다면 자기 혈육에 맞서서라도 자신을 지켜낸다는 것을 의미한다. 우리 파시스트들도 '인간답게'라고 말하지만, 그 말을 할 때는 대출금을 다 갚은 사람의 감정이 아니라 자연과학에 기초해서 말하는 것이다. 상황이 위험할 때(언제나 상황은 위험한데) 약자나 위협을 느끼는 사람을 더 효과적으로 지켜줄 수 있는 쪽은 민주주의보다 파시즘이라는 것을 모든 사람에게 이해시켜야 한다. 물론 약자임이 분명한데도 정작 자신은 그 사실을 모르는 사람도 있다. 이때 우리가 해야 할 일은 그 사실을 그에게 보여줄 방법을 찾는 것뿐이다.

어려운 일이 절대 아니다. 우리가 사는 후기자본주의 사회에서 약자로 규정할 수 없는 사람은 인구의 1퍼센트 미만으로, 그들은 너무 많은 돈을 벌기에 어떤 약점도 있을 수가 없다. 그들을 제외한 다른 사람은 모두 무언가를 잃을 수 있는 사람들이므로, 그것이 위협받고 있다는 사실을 알려주면 그들은 가진 것을 지켜줄 것으로 보이는 사람을 무조건 신뢰할 것이다.

일차적 목표는 언제나 가족이다. 우리는 모두 가족을 위해 일하고 싸우기 때문이다. 따라서 가정이 실로 얼마나 연약한지 강조하는 것이야말로 아빠와 엄마의 투쟁심을 불러일으키는 결정적 방법이다. 가족의 적은 남성과 여성이 맡아온 본연의 역할이나 전통적 기능을 훼손하려는 자들이다. 그런 일을 획책하고 또 수십 년 동안 실행해온 두 집단이 늘 있었으니, 그들은 바로 페미니스트들과 동성애자들이다.

민주주의가 승승장구해온 저 세월 동안 우리는 생각할 수 있는 모든 비정상적 이데올로기를 강요받아야 했다. 페미니즘의 주제인 낙태, 이혼, 성 평등, 성적 해방을 진보의 한 형태로 찬양하고 지지해야 한다는 생각이 확고해졌다. 같은 방식으로, 많은 사회 구성원이 동성애자들의 바람인 차별금지, 결혼, 심지어 입양까지도 실제 인권으로 받아들이게 되었다. 하지만 둘 다 사실이 아니며, 둘 다 위험하다. 이른바 여성해방은 출산율 감소와 남성과의 일자리 경쟁 심화로 이어졌고, 가정에는 빈 요람과 식어빠진 저녁식사와 산더미처럼 쌓인 빨랫감을 남겼을 뿐이다. 흔히 성 혁명이라 부르는 것도 더한 혼란으로 여성을 남성으로부터 떼어냈을 뿐이니, 이제 여성을 칭찬하거나 만지기라도 하면 그 즉시 성폭력 혐의를 받을 수밖에 없다. 다른 한편으로 여성은 결혼이나 가족 돌보기를 더 이상 원치 않는데, 동성애자는 또 그렇게 할 수 있기를 요구한다. 마치 그것이 정상이라는 듯이 말이다.

이것이 바로 본말이 전도된 민주주의라는 세상이며, 여기서는 사회의 모든 헛짓거리가 단지 다수가 찬성했다는 이유만으로 정당화된다. 하지만 이런 법들을 도입했다고 해서 자연을 뒤집을 수는 없다. 다수가 찬성한다고 해서 해가 동쪽으로 지지 않는 것과 마찬가지다. 가족의 자연적 관념을 파탄 내는 이런 아수라장은 여성이 남성과 동등하고 동성애자가 이성애자와 동등하다는 말도 안 되는 신념에 뿌리를 두고 있다.

파시즘은 상식을 따르는 정치로서, 사물을 자연의 질서 안으로 되돌려 놓는 것을 주요 임무로 한다. 그 과업은 결정적으로 여성에서 시작된다. 왜냐하면 여성은 남성을 뒷받침하는 존재이고 남성은 가정의 우두머리이기 때문이다. 여기서 여성을 빼면 모든 것이 무너져버린다. 파시즘은 여성이 독립적이지 않다는 것을 안다. 자연에서도 암컷은 보호받기를 원하며, 이는 인간 암컷도 다르지 않다. 여성이 남성을 필요로 하는 이유는 남성은 강하고 여성은 약하기 때문이다. 여성이 소중한 것은 모성 기능 때문이며, 또 여성은 선천적으로 마음이 따뜻한 성향이 있다. 다시 말해서 여성은 여리며, 이런 존재를 보호하는 것이 우리의 의무다. 특히 여성이 보호받을 필요가 없다고 주장하는 경우에 더욱 그렇다. (대체로 여성은 비이성적인 존재라서 종종 이런 주장을 한다.) 여성은 절대 위험에 노출되거나, 안전하지 않은 장소에 가거나, 분별없이 행동해서는 안 된다. 사람들에게 흑심을 품게 하여 위험에 빠질 수 있기 때문이다. 세상은 여성을 열등한 대상으로 여기고 언제든지 성폭력을 저지르려는 다른 문화권 출신 남성들로 가득하다.

우리는 파시즘의 지혜로 여성들을 일깨워야 한다. 강해지려는 여성의 욕구가 여성을 표적으로 만들고, 자연이 정해준 역할에서 벗어나려는 시도가 남성을 불안정하게 만들며, 이로 인해 상처받고 버림받았다고 느끼는 남성이 종종 난폭하게 반응한다는 것을. 따라서 이런 상황을 아예 만들지 않는 것이 남녀 모두에게 상책임을 깨닫게 해야 한다. 여성보호소는 페미니즘이 만들어낸 쓸모없는 부산물이다. 갈등을 집안에서 해결하거나 가족을 단결시키기보다 배우자를 범죄 행위로 고발하도록 권하기 때문이다. 그러므로 파시즘 정부가 제안하는 것은 여성을 직접 지원하기보다는 다른 방식의 지원 정책을 써야 한다는 것이다. 왜냐하면 여성은 어떤 독립적인 사회적 주체로 보기보다 모성과 그 기능으로 봐야 하기 때문이다. 해결책은 다양한 정치적 정체성 중에서 '어머니'라는 범주를 확실히 하는 것에 있을 것이다. 하지만 이런 노골적인 어휘 선택은 여전히 구태의 페미니즘을 지지하는 민주주의 진영에서 역효과를 낳을지도 모른다. 이들이 먼저 힘을 잃어야 어머니도 마침내 가정생활의 중심으로 돌아올 것이고, 그와 함께 정치도 그렇게 될 것이다.

동성애자는 더 설명할 것도 없다. 그들은 존재하는 것만으로도 인류를 위협한다. 민주주의의 소극성이 너무 오래도록 수많은 나라를 감염시킨 탓에, 그들을 제거하거나 치료하는 일은 이제 돈과 노력이 꽤나 많이 드는 일이 되었다. 하지만 그들을 숨게 만들어서 우리 젊은이들에게 더 이상 나쁜 영향을 끼칠 수 없도록 하는 것은 결코 소홀히 할 수 없는 우리의 의무다. 동성애를 정상인 양 만들려는 시도는 모조리 가족과 인류 지속을 위협하는 행동이다. 아이들은 성 평등과 마찬가지로 동성애 이슈로부터도 보호받아야 한다. 동성애자들은 차별 철폐를 핑계로 아이들을 태어난 그대로가 아니라 원하는 대로 될 수 있다고 믿게 한다. 그러나 남자아이는 앞으로도 남자아이일 것이고, 여자아이는 앞으로도 여자아이일 것이다.

오랫동안 홀대받은 집단의 취약성에 대해 언급하는 것도 아주 중요한 일이다. 모든 선진 사회에서 그 누구보다 다수를 대표하고 앞으로 대표할 집단은 바로 노인층이다. 그들은 대부분 쥐꼬리만 한 연금으로 생활하고 사실상 누구의 돌봄도 받지 못한다. 이 현안을 연금제도 개선으로 해결하는 것은 초민주적인 성 평등 때문에 불가능해졌다. 성 평등 덕에 일을 할 수 있게 된 여성들이, 나이든 세대를 돌보기 위한 세금을 낼 차세대를 낳고 기를 생각과 시간을 더 이상 갖지 않게 되었기 때문이다. 여성들이 공동체의 요구보다 자신을 우선시한 탓에, 이제 사회 전체가 대가를 치르게 생겼다. 하지만 촌에 사는 연금 생활자들은 이런 민주주의의 실패가 파시즘의 책임이 아니라는 것을 이해하기 어려울 수 있다. 그들이 이해할 수 있는 것은 음식꾸러미를 나눠주는 마을잔치다. 사회적 병폐의 근본 원인을 해결해줄 수는 없어도 노인들을 열 받게 하는 증상을 해결해주는 쇼를 벌일 수는 있기 때문이다. 하지만 유감스럽게도 궁핍한 노인을 향해 도움의 손길을 내민다고 해서 그들이 자동으로 파시스트가 되지는 않을 것이다. 따라서 연대와 정치는 같은 것이 아님을 명확히 인식할 필요가 있다. 다시 말해서 파시즘은 음식을 나눠줄 때조차도 결코 영리적 목적을 잊어서는 안 된다. 파시즘은 언제나 정치적이다.

따라서 소외된 사람들에게 연대감을 보여줄 때마다 우리는 소외계층 일반이 아니라 '우리의' 소외계층을 위해 그렇게 하고 있다는 것을 모든 사람에게 역설하고 상기시켜야 한다. 우리의 소외계층이 우선이고, 저들의 소외계층이 그 다음이다. 혹시 남는 게 있다면 말이다. 물론 남는 것 따위는 절대 없다는 것을 우리 모두가 안다. 노인들이 우리 파시스트로부터 지원물품 한 박스를 받을 때마다 민주주의자는 외국인들에게 두 박스를 나눠주고 있을 것이라고 믿게 해야 한다. 민주주의자가 사회적 약자를 도와야 한다고 주장할 때마다 파시스트는 우리들 중의 약자가 최우선 약자임을 보여주고, 민주주의 정책은 신식민주의처럼 이들을 버리고 우리와 무관한 자를 우선시한다는 것을 일깨워야 한다. 이렇게 하면 우리는 도움 받을 자격이 없으면서 도움을 요구하는 자들과, 도움 받는 것이 보편적 권리라고 주장하는 민주주의 자체야말로 우리의 적임을 분명히 할 수 있을 것이다. 우리가 거느린 약자가 우리의 힘이 될 것이다.

사람들은 파시즘이 사회 문제를 이런 시각으로 바라보는 것을 가부장적이라고 생각할지도 모른다. 하지만 가부장주의가 모든 사람, 그 가운데서도 혼자 힘으로 살아갈 수 없는 사람을 지켜보는 아버지의 자상한 시선을 의미한다면, 우리는 기꺼이 그런 평가를 받아들일 것이다. 국가는 한 가정이다. 가정에서는 아버지가 우두머리이고 또 당연히 우두머리로 행동해야 한다. 만약 한 사람이 모든 사람을 대표하는 책임을 지고 있다면, 그 사람에게는 또한 모든 사람을 돌볼 책임도 있다. 우리 사회의 소외계층을 가장 먼저 바라볼 수 있는 사람이 그들의 보호자와 문지기가 될 권리도 있다. 파시즘 하에서는 모든 사람이 보호받을 필요를 느껴야 한다. 누구도 스스로 강해지고 독립적이 되어야 한다고 생각해서는 안 된다. 왜냐하면 어떤 약함은 구조적이어서 아무도 해결할 수 없다는 것을 우리 자신도 알고 있기 때문이다. 따라서 사람들이 국가와 무관하게 살아갈 수 있다고 믿게 내버려두는 것은 그들에 대한 책임감이 결여된 태도다. 그렇게 되면 사람들은 더는 보호가 필요하지 않다고 믿을 것이고, 그래서 진짜 위협이 다가왔을 때 그것을 직시할 준비도 갖추지 못할 것이다. 결국 개인의 나약함은 국가의 힘을 키우는 데 결정적인 요소다. 왜냐하면 자신의 나약함을 인식하는 사람만이 강자에게 의지하기 때문이다. 그리고 강자는 자기 것을 지켜야 할 때 물러서지 않는다.

# 5

# 의심스러우면 폭력을 써라

민주주의의 혈관에는 다양한 모순이 흐르고 있고, 파시즘은 그런 모순을 전부 이용할 수 있다. 그것들 가운데 가장 중요한 것이 비폭력이다. 이 말이 직관에 반하는 얘기일지도 모르겠다. 하지만 민주주의는 의견 갈등에 기초한 정부 형태임에도 여전히 정치를 실행하는 방법으로 폭력을 거부한다고 주장하는데, 이것은 타란툴라 독거미를 상추만 먹여서 길들인다는 소리나 마찬가지다. 물러터진 민주주의 정신에 따른다면, 누군가 반대 의사를 표명해도 우리는 그것을 무조건 존중하고, 조정하고, 수용하고, 중재해야 하며, 또 이견 표명보다는 중년의 다과회에 어울리는 형용사를 붙여야 한다.

다행히도 우리는 인간이며, 우리의 공존 자체가 폭력이 필요한 조건을 만들어낸다. 이것이 의미하는 바는 민주국가도 그 자신을 유지함에 있어 똑같은 위선을 가장하지 않을 수 없다는 것이다. 무엇보다 폭력을 합법화하는 점에서 그러하다. 즉 정부와 산하기관에 유리한 법을 집행할 때만큼은 폭력을 합법으로 취급한다는 얘기다. 민주주의를 채택한 나라에서는 담배나 술과 마찬가지로 사실상 국가만이 폭력을 독점한다. 하지만 폭력을 마약 다루듯 하면 또 역설적인 부작용이 발생한다. 즉 폭력을 사용하는 국가 자신부터 몰래 술을 퍼마실 때처럼 죄책감을 느낄 수 있는 것이다. 늘 사과를 남발하고 너무 많은 제한과 너무 많은 금지선으로 폭력을 통제하면, 폭력에 의지하는 일이 폭력을 당해도 싼 범죄자보다 경찰관에게 더 불리하게 작용할 수 있다.

터무니없게 들릴지도 모르지만, 이런 죄책감의 결과 민주국가에서는 범죄를 저지르다 붙잡힌 사람을 두들겨 팰 수도 없게 되었다. 예를 들어 범죄자가 정보를 털어놓으려 하지 않으면, 어떤 정보도 얻을 수 없다. 자백을 거부하면 무력을 행사해서라도 협조를 얻어내기가 극히 어려운 것이다. 고문을 금지하는 등의 더 타락한 민주국가에서는 더욱 그러하다. 이런 나라에서는 아이를 성추행한 소아성애자를 붙잡았을 때도 혹시 공범이 있는지 알아낼 수 없다. 손발이 다 묶여서 전기기구도 날카로운 도구도 둔기도 쓸 수가 없다. 범인의 가족을 위협용으로 이용할 수도 없고, 심리적 압박조차 최소한으로만 허용된다. 만일 민주주의 근본주의자의 방식대로 하면, 범인을 벌거벗긴 채로 묶어서 방 안에 모기 한 마리와 두기만 해도 당장 국제앰네스티가 개입할 것이다.

하지만 고문이 범죄가 되지 않는 운 좋은 나라에서라면 우리는 여전히 폭력을 사용할 수 있을 것이다. 다만 주의를 기울여 눈에 띄지 않도록 조심하고, 도덕적·법적 소송을 부를 수 있는 사상자가 생기지 않도록 거듭 확인해야 한다. 범죄가 정치적 반대 행위와 관련됐을 때는 특히 그러하다. 여기서 우리는 그 무엇보다 심각한 역설에 이른다. 예를 들어 경찰이 시위 참가자를 죽이면, 그 경찰은 결국 감옥에 가고 다시는 경찰이 될 수 없다. 반면에 시위참가자가 경찰을 죽이면, 그는 물론 감옥에 가겠지만, 형을 마치고 나면 또다시 시위에 나설 것이다. 민주주의에서는 반대할 권리를 절대 빼앗을 수 없기 때문이다. 나는 법이 이처럼 비합리적인 구조로 집행되는 것에 대해 안타까움을 느낀다. 국가의 대리인들에게 폭력을 사용할 수 있게 해놓고서, 국가 자체는 그들이 폭력을 사용할 때도 친절하게 행동하기를 요구한다. 참으로 완벽한 역설이다. 하지만 이것도 사실은 우리에게 꽤 도움이 된다. 파시즘의 방법에 대한 긍정적 감정이 싹트게 하기에 그들 자신의 분노보다 더 나은 토양이 어디 있겠는가?

파시즘은 당연히 누구도 '비폭력'이라는 모순된 입장에 빠지게 하지 않는다. 특히 법을 집행하는 사람에 대해 더욱 그러하다. 필요에 따라 폭력을 사용하는 일은 단지 허용되는 정도가 아니라 강력히 권장된다. 우리의 조직 모델은 (따라서 정치적 모델도) 자연 질서를 모델로 하며, 자연에서 폭력은 도덕적 판단과 상관없이 무제한으로 허용된다. 늑대가 새끼양의 배를 갈라 내장을 꺼냈다고 해서 늑대를 법정에 세울 텐가? 우두머리 암사자가 직전 우두머리의 새끼를 죽였다고 해서 그 암사자에게 살육의 죄를 물을 것인가? 코끼리는 자기 영역을 침범한 것이면 무엇이든 달려들어 짓밟지만, 아무도 코끼리를 폭력을 저지른 범죄자로 보지 않는다. 본능이 폭력의 필요성을 낳은 것이며, 이것이야말로 지배 종으로서 우리 본성에 있는 원초적인 힘이다.

지배는 그 자체로 폭력이다. 그리고 민주주의의 순진한 영혼에 충격을 줄지도 모르지만, 폭력을 피하는 대안은 지배받는 것밖에 없다. 왜냐하면 폭력적인 세상에서는 선택할 수 있는 것이 다른 폭력밖에 없기 때문이다. 즉 폭력은 이미 존재하며, 당신이 유일하게 선택할 수 있는 것은 폭력을 행사하느냐

또는 폭력을 당하느냐뿐이다. 우리 파시스트는 이 딜레마를 오래전에 해결했다. 폭력은 무능한 자의 마지막 수단일 뿐이라는 웃기는 확신이 민주주의의 약점이라면, 우리는 그 정반대를 믿는다. 즉 폭력이 필요할 때가 있다는 것조차 모를 만큼 무능한 자들이야말로 비폭력을 도피처로 삼는다는 것이다. 적이 있는 한 우리는 그를 거꾸러뜨리기 위해 무엇이든 할 준비가 되어 있어야 한다. 가령 의지할 만한 수령이 있다면, 우리는 그를 따라서 무엇이든 할 준비가 되어 있어야 한다. 소중한 물건이나 사람이 있다면, 모든 수단과 방법을 동원해 그것을 지킬 준비가 되어 있어야 한다. 나의 조국, 나의 동포, 가족, 문화, 신앙을 지키는 데 타협은 없다. 많은 사람이 잊고 있지만 두려운 것만을 존중하는 이 세상에서, 진정 두려워해야 할 것은 그것들밖에 없기 때문이다.

파시즘은 이 점을 절대 잊지 않기에, 국가에 주어진 테두리 안의 방법과 상황에서부터 개인의 정당한 물리력까지 모든 형태의 위협과 폭력을 늘 권장한다. 특히 개인의 경우, 폭력의 합법화는 실용적이면서 교육적인 효과가 있다. 일단 파시스트 국가가 탄생하는 순간 국민이 들고 있는 무기는 전혀 중요하지 않게 될 것이다. 수령은 폭력이 필요할 경우 자신의 무력으로 충분하다는 것을 모든 이에게 확실히 보장할 것이기 때문이다. 수령이 폭력을 더 많이 약속할수록 국민은 더 안전하게 보호받는다고 느끼고서 직접 폭력을 행사할 필요성을 덜 느낄 것이다. 하지만 파시즘의 첫 단계에서는 여전히 개인의 무기가 필요하다. 이 단계에서는 민주주의가 가진 허약성과 수동성으로 인해 국가가 자국민을 충분히 보호하지 못하고 있다는 생각을 할 수 있기 때문이다. 이처럼 설익은 상황에서는 우리 생활 자체가 파시즘의 동조자 역할을 해줄 것이다. 즉 뉴스에 나오는 모든 소름끼치는 사건과 무단침입 사례, 강간, 절도 때문에 자기 집에서 정당한 폭력을 사용할 수 있도록 허용하는 법을 소리 높여 요구할 수도 있고, 민주국가가 우리를 제대로 지켜주지 않아서 사람들이 스스로 자신을 지키게 되었다는 생각을 널리 퍼뜨릴 수도 있다. 일단 독재자가 권력을 잡으면 총구를 내릴 테지만, 그것이 가능하려면 먼저 총구를 올려야 한다. 수령은 사람들이 그를 위해 기꺼이 무기를 들었으니, 필요시 다시 그렇게 하리라는 것을 언제나 믿어도 될 것이다.

하지만 무기에 관한 얘기는 후기파시즘의 주제다. 폭력의 필요성에 대한 주장은 이보다 훨씬 먼저 점화된다. 언어가 바로 그것이다. 파시스트는 언제나 처음부터 있는 그대로 말해야 한다. 폭력을 정치 투쟁의 도구로 되돌리려면 어중간한 표현을 모조리 날려버리고 들고 있는 패를 숨김없이 말하는 것이 필수적이다. 사물의 이름을 끊임없이 바꾸려 드는 민주주의와 공존해야 하는 초기의 불리한 입장에서는 특히 그러하다. 이런 상황에서 우리는 파시스트로서 흑인을 더 이상 '유색인'으로 부르지 말고 다시 흑인으로 불러야 한다. 창녀를 '성 노동자'라 부르지 말아야 한다. 불구자를 '특수능력자'라 부르는 것도 우습다. 변태를 LGBT(lesbian, gay, bisexual, trans-gender의 통칭) 같은 이해할 수 없는 약어로 흐려서도 안 된다. 장애요소를 '불편 사항'이라고 부르는 식의 사탕발림을 해서는 안 된다. 장애물은 실제로 빌어먹을 장애물이기 때문이다.

민주주의자는 충격을 받을 것이다. 왜냐하면 이것이 그들의 위선적인 사고방식을 박살낼 것이기 때문이다. 하지만 그럴 때마다 당신은 항상 표현의 자유, 즉 정치적 비판이나 풍자의 권리를 요구해야 한다. 집회에서 발언하든, 기자의 마이크에 대고 말하든, 신문에 글을 쓰든, 권좌에서 말하든 다 마찬가지다. 그저 '도발'을 하기 위한 의도였다고 주장하라. 민주국가에서 이 표현은 실제로는 아무것도 하지 않았다는 것을 의미한다. 하지만 그러는 동안 당신은 이 단어가 뜻하는 내용을 계속 실행에 옮길 것이다. 즉 폭력적인 생각을 불러일으켜서 그것을 행동으로 이어지게 할 것이다.

이른바 정치적 올바름(political correctness, pc)이 우리 국가들의 때 묻지 않은 솔직함을 앗아간 나머지, 이제는 모두가 자기 눈앞에 있는 것을 못 본 척하게 만들었다. 우리는 친절하게 보이기 위해 거짓말쟁이가 되었고, 술집에서 노닥거리는 사람들보다 우리를 낮게 보여줄 만한 표현들을 받아들였다. 하지만 파시스트 정치학은 정치적 올바름으로 보호받는 자들보다 우월하다는 생각을 숨기기 위해 가짜 지성주의 따위로 가장하지 않는다. 우리는 국민들 위에 있지 않고 바로 국민이며, 국민과 똑같이 말하기 때문이다. 모든 이에게 우리를 이해시킬 장소가 이 세상에 하나 있다면, 아마도 그곳은 술집일 것이다. 우리는 확실히 대학보다는 거기서 더 많은 사람을 만날 수 있다. 따지고 보면, 파시즘의 언어가 정치적 올바름보다 더 민주적이다. 왜냐하면 파시즘의 언어는 누구에게도 열등감을 느끼게 하지 않기 때문이다. 민주주의 지지자는 어쨌든 우월감을 느끼겠지만 말이다. 그래도 처음에는 그것을 기분 나쁘게 받아들이지 말고 오히려 그들에게 감사하라. 그들이 우리를 교양 없다거나 무식하다고 하면서 세련된 관용구나 외교적 화법을 사용하라고 할 때마다, 그들은 우리에게 기회를 만들어주는 셈이다. 즉 민주주의가 빵으로 입을 채우는 것보다 멋진 대명사로 채우는 것에 더 관심이 있다는 것을 모든 사람에게 보여줄 기회인 것이다. 그들을 내버려 두라. 그렇게 하는 것이, 대명사를 우선시하는 사회는 이 세상에 없다는 것을 안락의자 행동가들에게 배우게 할 유일한 방법이다.

일상적인 정치 담론에서 다음 단계로 넘어갈 때는 일이 좀 더 까다로워진다. 그 단계에서는 언어폭력을 적에게 직접 가해야 하기 때문이다. 내부의 골칫거리는 기존의 자유로운 어휘로 처리할 수 있지만, 진짜 적과 맞서려면 실행 언어, 즉 행동을 선언하고 준비하는 언어를 갖춰야 한다.

적들을 모욕하고 멍청이, 도둑놈, 겁쟁이라 부르는 것으로는 충분치 않다. 적을 불법화하고 제거하고 지우려면, 무엇이 옳은 일인지 지적하는 것이 매우 중요하다. 그들에게 무엇을 할 것인지 말할 수 있다면, 이미 절반은 하고 있는 셈이기 때문이다. 그러므로 그들에 대해 사용할 언어는 반드시 분명해야 한다. 처음에는 약간의 노력이 필요할 것이다. 왜냐하면 불행하게도 아직 민주주의의 잔재가 남아 있는 최초 국면에서는 혐오 발언이나 그 비슷한 말들에 대해 법적인 제재가 가해질 수 있기 때문이다. 이것은 민주주의가 자신을 지키기 위해 고안한 것들이기도 하다. 하지만 이것이 단념할 이유는 되지 못한다.

적의 위협이 명백해질 때, 바로 그때야말로 누가 진짜로 행동할 배짱이 있고, 누가 맞춤정장을 입고 외교 협상에 눈길을 돌리는지 알게 되는 때다.

파시즘은 기껏해야 벽을 어떤 색으로 칠할지나 선택할 줄 아는 동성애 성향의 콧대 높은 여성 취향 남자가 아니라, 강철 같은 배짱을 지닌 사람을 필요로 한다. 국민의 행동을 불러일으키는 최초 행동가인 수령의 입은 되도록 명령형으로 행동을 촉구해야 한다. 이를테면 "침몰시켜라" "묻어버려라" "조져라" "강제로 몰아내라" "하수구로 보내라" "붙잡아라"처럼 공공 장소에서 적을 제거하도록 귀띔해주는 모든 용어를 허용하는 것이다. 쓰레기나 잡석을 연상케 하는 표현을 써서 그들이 불필요하고 곧 잊힐 존재임을 보여주는 것이다. 여기에 귀 기울이는 사람이라면 언어를 미온적이고 자유주의적으로 사용하는 시대는 끝났다는 것을 이해할 것이다. 파시즘과 함께 문제는 제 이름으로 불릴 것이고, 그에 대한 해결책 역시 필요하다면 얼마든지 극단적이 될 것이다.

# 6

# 국민이 듣고 싶어
# 하는 대로 말하라

모든 포퓰리즘이 파시즘은 아니지만, 모든 파시즘은 우선적으로 포퓰리즘의 한 형태다. 왜냐하면 비록 국민들 사이에서 태어나지는 않았지만, 파시즘은 국민이 듣고 싶어 하는 방식으로 국민에 대해 말하기 때문이다. 예를 들어 파시즘은 국민이 원래 의지가 강한데 상황 때문에 약해졌을 뿐이며, 국가 정통성을 만들어내는 존재이고, 사회의 진정한 영웅이라 말한다.

국민의 자질을 찬양하는 것은 대중 속에서 진정한 파시스트 감정을 끌어내기 위한 첫 단계다. 국민에게서 나오는 것은 모두 참되고 진실하며, 조금 마구잡이로 제시되더라도 국민정신의 표현으로 받아들이고 지지해야 한다. 하지만 파시즘은 포퓰리즘과 단순히 인기 있는 것 사이의 차이를 항상 분명히 해야 한다. 포퓰리즘은 모든 사람이 한 사람을 우러러본다는 뜻이지만, 민주주의에서의 인기란 모든 사람이 서로를 바라봄으로써 시야를 잃는 것을 말한다. 민주주의가 인기 있는 이유는 지배계급 사이에서는 자신도 국민이라는 느낌을 키워주고, 국민들 사이에서는 자신이 지배계급이라도 된 듯한 느낌을 길러주기 때문이다. 마치 가정에서 아버지와 자식의 역할을 서로 바꿀 수 있다는 듯이 말이다. 이런 호혜주의적인 태도는 우리의 눈을 멀게 한다. 동료라고 여기면 그 누구도 진정으로 존중하지는 않는 법이니까. 화폭에 너무 코를 가까이 대면 전체적인 아름다움을 절대 알 수 없고, 실제로 본 것에 대해서도 말하기가 어렵다. 하지만 포퓰리즘은 인기와는 전혀 다른 것이다. 왜냐하면 포퓰리즘은 일반 대중의 요구와 그 요구를 들어줄 수 있는 권력 사이에 여전히 거리를 띄워주기 때문이다. 인기 있는 사람은 국민에게 인정을 받지만, 포퓰리스트는 그 이상을 할 수 있다. 즉 국민들에게 스스로 인정받고 있다고 느끼게 해줄 사람을 제공할 수 있다.

파시스트로서 포퓰리스트가 되기는 어렵지 않다. 그것은 자기가 못생긴 것을 아는 소녀를 유혹하는 것과 같다. 왜냐하면 모든 소년이 소녀를 경멸하는데도, 소녀는 그들 모두가 자기의 아름다움을 몰라본 바보였다고 말해줄 소년이 찾아오기를 기다리기 때문이다. 그 소년은 원하기만 하면 적절한 말로 소녀를 가질 수 있고, 소녀는 언제나 기꺼이 동의할 것이다. 이제 여성 성기도 민주적이지 않다는 것을 알겠나? 물론 모든 사람에게 기회가 주어지지는 않는다. 기회는 오직 도전하는 자에게만 주어진다. 그러니 파시스트가 되고 싶다면, 일단 매력적인 사람이 되라. 그런 다음에 주위를 둘러보고 사회의 미운 오리 새끼를 찾아라. 그들은 어디에나 있다.

일례로, 어떤 이유로든 배울 수 없었던 사람들에 대해 생각해보자. 공교육과 문맹퇴치에 집착해온 민주주의 탓에 우리는 (원치 않는 사람이 있을지도 모르는데) 모든 사람이 배워야 한다고 확신했다. 교육이 시민적 덕성을 말해주는 징표라는 이유로 말이다. 그 결과 전혀 배움을 원치 않았던 사람은 되도록 빨리 학교를 중퇴해야 했고, 그 때문에 오랫동안 조롱을 당해야만 했다. 이들 못 배운 사람들에게 눈길을 돌려라! 그들은 심지어 하루 더 배운 자들에게서까지 매일 계속해서 조롱을 당한다. 교육이 출세하는 데 필수적이라는 얘기는 사실이 아니고, 진짜로 중요한 것은 인생학교이며, 대졸자라고 해서 (값비싼 종잇장 하나를 들고 돌아다니는 것 외에는) 딱히 나을 것도 없다고 그들에게 말하라. 힘들지만 정직한 일로 굳어진 그들의 두 손이 온종일 책상 앞에 앉아 푹 퍼진 궁둥이보다 가치 있다는 것을 일깨워라. 배움이 짧은 사람들도 마침내 자신의 무지에 대한 부끄러움을 버리고, 수십 년 동안 자신을 얕잡아본 배운 자들을 깔볼 수 있을 것이다.

포퓰리스트가 되는 것은 고등학교에서 못생긴 소녀를 유혹하는 것과 같다는 바로 그 이유에서, 포퓰리즘은 여성에게 최고의 효과를 발휘한다. 페미니스트들은 여성이 남성보다 늘 열등하게 취급받아왔고, 이런 예속적 지위에 저항해야 한다고 말한다. 당신이 해야 할 일은 이런 예속은 처음부터 없었다는 것을 보여주는 것뿐이다! 그들의 할머니를 기억에서 끄집어내어 여성 가장으로 묘사한다든지, 여성이 항상 집에 붙어서 음식을 준비했던 어린 시절의 냄새를 떠올리게 하라. 가정요법, 홈메이드 물건을 상기시키거나, 사랑이라는 선물로 이 나라를 지탱해온 어머니의 지혜를 떠올리게 하라. 셔츠를 다리고 아이와 노인을 돌보는 일이 열등하기는커녕, 사실은 남성이라면 결코 이해할 수 없는 감성을 가진 여성들만의 특별한 재능이라고 말하라.

나아가 이런 활동을 장려하는 정책을 발표하라. 이를테면 집에서 노인을 돌보는 사람에게는 세금을 감면해주고, 아이를 갖기로 한 사람에게는 출산 수당을 지급하라. 여성에게 그들이 더 낫다고 말하라. 그러면 그들은 이런 특별한 감정을 다시 느끼기 위해 더 이상 하지 않기로 결심했던 일을 다시 할 것이다. 예를 들어 공부 대신 다림질을 하고, 직업 대신 아이를 가질 것이며, 독립을 주장하는 대신 결혼을 할 것이다. 그녀 자신을 특별한 존재로 느끼게 할 방법을 아는 남자를 만난다면, 그녀는 그와 동등해질 필요를 전혀 느끼지 않을 것이다.

'특별하다'는 범주를 부여하는 것은 최고의 포퓰리즘 전략이다. 다시 말해 상대에게서 어떤 약점을 발견할 때마다 그 약점을 특별하다고 부르며 지켜주겠다고 약속하면, 그 약점을 가진 사람은 자기 상황을 바꿔달라고 요구하기를 그만둘 것이다. 도시를 동경하는 사람? 그러면 도시민들의 생산성과 철저함, 나라를 위대하게 만든 소기업들을 칭찬하고, 거기에 거머리처럼 빨대를 꽂고 사는 시골과 비교하며 세금 인하를 약속하라. 지방에서 일하는 사람? 정직한 노동자가 가족을 위해 감내하는 희생을 들먹이며, 그들 직업의 정직성과 작은 것에 만족하는 능력을 칭찬하거나, 도시 생활의 차가움과 대조되는 그들의 따뜻한 환대에 감탄을 보내고 재개발과 보조금을 약속하

라. 시골? 전부 특별한 사람들이다. 접경지역? 초특급이다. 도
서지역? 세계적으로도 독특하다. 도회지? 그들 같은 사람은 없
을 것이다.

이처럼 각자가 처한 특별한 상황에 맞춰 파시스트는 제각
기 다른 약속을 해야 한다. 평등이라는 악몽에 빠져 있는 민주
주의자는 모두를 똑같이 대하겠지만, 파시스트는 그들을 다르
게 대하는 것이 낫다는 것을 안다. 왜냐하면 각 사회집단마다
수령의 눈에는 특별한 존재로 보이기를 원하기 때문이다. 어떤
발언들은 모순적으로 들릴지도 모른다. 이를테면 당신이 시골
사람들은 게으르다고 도시민에게 말하는 것을 시골에서 듣는
경우다. 하지만 이런 정도는 정치에서 문제가 되지 않는다. 구
애하는 데 문제가 되지 않는 것처럼 말이다. 「백설 공주」에 나
오는 여왕을 제외하면, 어떤 여성도 세상에서 자신이 가장 아
름답기를 원하지는 않는다. 여성이 원하는 것은 자기 차례가
왔을 때 누군가 자기를 탐내는 것이 전부다.

이런 각자의 정체성을 일일이 수용하고 그것을 대변하는 듯
느끼게 만드는 수령의 능력은 외모에서도 드러난다. 그의 외모
는 항상 포퓰리스트적이어야 한다. 입에 풀칠도 못하는 사람들
을 만날 때는 청바지와 후드티, 수수한 싸구려 옷을 입어야 한

다. 한 집안의 가장을 만날 때는 단정하지만 캐주얼한 셔츠를 입고 나타나는 게 좋고, 어떤 형태로든 자수성가한 사람의 힘을 보여주어야 한다. 권력자나 전문가와 함께할 때는 당연히 넥타이를 매야 하지만, 시원시원하고 팔팔한 태도로 의전을 깨뜨릴 준비가 되어 있어야 한다. 왜냐하면 파시즘의 에너지는 성급한 힘에서 나오며, 파시즘은 규칙을 바꿀 수 있을 때까지만 규칙을 따르는 것이기 때문이다.

일단 파시즘이 확실히 자리를 잡고 나면, 옷차림은 부차적인 것이 되고 국가에 말을 전하는 수단은 수령의 몸이 될 것이다. 이를테면 장거리 바다수영, 얼음처럼 차가운 호수에 다이빙하기, 만족스럽고 건강한 성생활 과시, 마라톤 완주 등등 체력, 지구력, 통제력을 요구하는 도전들이 그것이다. 포퓰리즘의 절정은 휴일에 가족에 둘러싸여 있는 모습을 보여줌으로써 전통적 가치관을 되찾아주는 것이다.


하지만 포퓰리즘의 진짜 핵심은 돈이라는 보편적 주제에 있다. 이 주제야말로 포퓰리즘을 파시즘의 요람이 되게 해주는 핵심적 요소다. 민주국가에서 다양한 집단이 소유한 돈의 차이는 문제의 가장 큰 원인이다. 그것은 우선 '평등'이라는 개념과 충돌하며, 또 그만큼이나 불합리한 '비례분담'의 개념과도 상충한다. 왜냐하면 평등은 능력과 돈의 차이를 무효화하고, 비례분담은 돈을 더 버는 것이 죄악인 양 속죄를 강요하는 개념이기 때문이다. 능력에 따른 소득 차이와 평등이라는 두 가지 조건을 함께 고수하기란 현실에서 거의 불가능하다. 따라서 민주국가에서는 가진 자와 가난한 자가 모두 불행하다고 느낀다. 가진 자는 세금 때문에 못살겠다고 느끼고, 가난한 자는 모든 공적 혜택에서 소외되었다고 느낀다. 다행히도 포퓰리스트 파시즘에는 이런 구분이 존재하지 않는다. 우리는 서민들에게만 어필하는 이야기를 할 수도 있지만, 모든 사람에 대한 포퓰리스트가 될 수도 있다. 왜냐하면 가진 것을 잃는다는 두려움은, 실제로 얼마를 가지고 있든 모든 사람이 똑같이 느끼는 감정이기 때문이다. 따라서 가난한 자를 대할 때든 가진 자를 대할 때든, 파시스트 포퓰리스트는 항상 '우리'를 언급함으로써 청중의 상황에 공감을 보내고 편을 들어주며 그에 따라 행동해야 한다.

만약 우리가 생계가 곤란한 사람을 상대하고 있다면, 대규모 계획에 대해 떠드는 건 별로 의미가 없다. 긴급 상황에서는 장기적인 해법을 기다릴 수 없고, 때로는 중단기적인 해법조차 기다리기 어려운 법이니까. 이럴 때, 필라테스 수업을 듣고 나서 채식요리 강좌를 기다리는 열성 민주주의 지지자는 물고기를 주기보다 물고기 낚는 법을 가르치는 게 낫다는 중국의 우화를 인용할 것이다. 흥미로운 이야기이긴 하지만, 누군가에게 낚시하는 법 즉 빈곤 탈출의 방법을 전수하려면 긴 시간이 필요하다. 그러는 동안 그들은 굶어죽을 것이다. 국민은 지금 당장 먹고 싶어 한다. 그리고 그것은 당연한 일이다. 물고기를 직접 주는 데는 5분밖에 걸리지 않는다. 따라서 도움이 필요한 사람에게 즉각적이고 실질적인 도움을 약속하는 것은 파시즘의 의무다. 어떤 정책이든 '지금 여기에서' 실행할 수 있는 정책이라면 모두 칭찬하고 권장할 만하다. 많은 것이 필요한 것도 아니다. 그저 월말에 보너스로 푼돈을 좀 주거나 미움 받는 세금 하나를 없애기만 하면 된다. 그렇게 하면 우리가 정말로 신경 쓰는 것은 현실의 사람들이라는 점을 분명히 할 수 있다. 어떤 개혁도 급여에 추가해서 주는 돈의 경쟁상대가 되지 못하며, 어떤 혁명적인 법도 재산세 폐지만큼 환영받지 못한다. 이러한 사실은 받는 쪽에게 즉각적인 효과를 내는 것 외에도, 수령이 보호가 필요한 사람을 지켜주고 있다는 생각을 강화하고, 전 국민이 선한 가부장인 그에게 더욱 의지하게 하는 데도 도움이 된다.

포퓰리즘을 중산층에 적용할 때는 약간의 차이를 두어야 한다. 아무리 이 집단이 경제적으로 풍족하고 따로 저축해 놓은 돈이 있다 해도, 하루아침에 계층 사다리에서 떨어져서 극빈자가 되는 데 그리 긴 시간이 필요치 않다는 사실은 잘 알려져 있다. 그들 가운데 중하위층은 다행스럽게도 쉽게 만족하는 편이다. 그들의 꿈 역시 그들처럼 딱 중간에 머물러 있기 때문이다. 그들은 주로 투자 이야기를 즐겨 들을 것이다. 투자 여력도 조금 있고 부동산을 선호하기 때문에, 그것을 증식할 수 있도록 해주거나 부동산 매매에 매기는 세금의 감면을 약속하는 정책이라면 이 범주 사람들의 지지를 확실히 얻을 것이다. 평균소득이 더 높은 계층이라면 포퓰리스트의 공약도 수플레케이크처럼 부풀어 올라 이들 중상위층의 핵심 관심사인 세금에까지 가닿아야 한다. 당신이 파시스트로서 (가령 일률과세 같은 정책을 제안함으로써) 고소득에 철퇴를 내리지 않을 것이라고 약속할 수만 있다면, 중산층은 영원히 당신 편에 설 것이다.

마지막으로 우리가 이르러야 할 곳은 정확히 부유층을 겨냥한 포퓰리즘이다. 부유층은 민주주의 지지자 가운데 가장 관대한 자들에게조차 인기가 없다. 이들은 나머지 인구에 비하면 소수에 불과하지만, 정말로 잘 살고 사회구조에서 종종 결정적인 역할을 담당한다. 이들을 적으로 두는 건 어리석은 짓이다. 친구로 삼는다면 우리나 그들 모두에게 편한 일이 될 것이다.

그들의 경제적 안녕은 소득이 아니라 축적된 재산에서 나온다. 따라서 그들의 걱정 역시 재산을 보호하고 증식하는 일에 집중되어 있다. 이 수준에서 비활성 자산은 이미 자산 손실을 의미하기 때문이다. 포퓰리스트는 이들을 궁핍한 사람처럼 대해야 한다. 자기 이익을 지키는 일에서라면 백만장자도 중산층처럼 행동하기 때문이다. 역설처럼 보일지 모르지만, 이 집단은 개혁에 가장 관심이 많은 집단이다. 왜냐하면 긴급하게 필요로 하는 것이 없어서 개혁의 효과를 기다리기가 훨씬 수월하기 때문이다. 따라서 부자를 위한 포퓰리즘으로는 해외 자산에 대한 세제상의 보호를 약속하는 것 등이 있겠지만, 이것은 한편으로는 아래 계층에게 소외감을 불러일으키고 심지어 사기당한 기분을 느끼게 할지도 모른다. 그보다는 국가의 심층 구조를 건드리는 급진적 개혁을 약속하는 편이 훨씬 낫다. 이를테면 인건비를 낮춰줄 고용계약이나 연금제도 개편을 시도해서 사용자가 피고용자에 대해 져야 할 의무를 없애주는 것이다.

진정한 포퓰리스트는 모든 사람을 각자 가진 필요에 맞춰 대한다. 가난한 이에게는 매년 약간의 공짜 생선을 주고, 중산층에게는 남은 생선을 보관할 냉장고를 주며, 상류층에게는 사람들이 돈을 내고 낚시를 할 연못을 주면 된다.

이 모든 일을 수행함에 있어 수령은 국민에게 자신의 두 가지 다른 면모를 보여줌으로써 모범이 될 수 있다. 가령 그가 노동을 통해 재산을 형성했다면, 그 재산 덕에 가능해진 생활수준을 전혀 포기할 이유가 없다. 오히려 재산은 그를 자수성가한 사람으로 보이게 할 것이고, 우리가 신뢰할 수 있는 사람으로 돋보이게 해줄 것이다. 하지만 재산 자체에 대해서는 관대한 모습을 보여야 한다. 즉 여러 기관들에 자금을 지원하고 자선가로서의 모습을 보여야 한다. 좀 더 어려운 또 하나의 길은 수령으로서 마땅히 받아야 하는 특전을 받지 않고, 국민이 과하다고 여길 수 있는 공적 지원을 전부 물리치는 것이다. 파시스트는 상징적인 행위를 통해서 단순한 이들로 하여금 그들과 우리가 똑같다고 생각하게 해야 한다. 예를 들어, 의전용 차량을 오래 타고 다닌 다음에 대중교통이나 친환경 자전거를 이용하거나 걸어 다니면, 그 효과를 실감할 수 있을 것이다.

이렇게 해서 당신은 민주주의자와의 차이를 멋지게 보여준 셈이다. 이런 경제적 측면의 포퓰리즘은 건설적일 뿐만 아니라 정치적 적을 무너뜨리는 데도 도움이 된다. 예를 들어 수령의 조치에 이의를 제기하는 사람들이 있다면, 국민의 요구를 이해하지 못하는 특권층 속물로 부르면 그만이다. 그들이 사는 아파트의 가격, 보석과 옷, 평균적인 소득자는 도저히 가질 수 없는 재산을 들먹이며, 우유 한 팩의 가격도 모르는 사람이라고 하면 된다.

여기서 가장 중요한 요점은 적의 사회적 지위를 신뢰성과 결부시키는 것이다. 국민은 부를 많이 소유한 민주주의자일수록 국민을 대표할 권리도 줄어든다고 믿어야 한다. 정의상 대중은 어쨌든 부를 소유하지 못한 사람들이다. 이것이 내가 파시스트로서 민주주의에 고마워하는 부분이다. 모든 이에게 행복 추구의 기회를 보장하는 사회에서 행복을 성취하지 못했다고 느끼는 사람은 누구나 분개하고 좌절하기 마련이며, 이런 감정은 쉽게 정치적 도구로 바꿀 수 있다. 만일 당신이 법정에 서게 된다면, 쟁점과 관련해서 자신을 변호하지 말라. 그보다는 당신과 다투는 자들이야말로 기댈 곳이 있어서 안락하게 살고 있다고 지적하라. 누군가 당신을 비판할 때마다, 시내의 멋진 집에 살고 있으니 떠들기야 쉽겠지만 현실은 딴판이라고 대답하라. 요트, 고급승용차, 고가주택은 (특히 정치인의 수입으로 취득했는지 의심스러우면 더더욱) 재정적으로 안정된 민주주의자를 깎아내릴 수 있는 완벽한 약점이다. 그것이 약점인 이유는 그들이 안정적으로 생활하기 때문이 아니다. 그보다는 그들이 민주주의자라는 바로 그 이유 때문이다. 그들이야말로 평등에 대한 숭배를 고취한 자들이고, 그래서 국민과 똑같이 살 거라는 기대를 받기 때문이다. 민주주의라는 체제는 경제 측면에서 보자면, 아등바등 사는 사람만이 아등바등 사는 사람을 이해할 수 있다고 모두가 믿는 바보 같은 체제다. 그들에게 파시즘의 합의 구조는 완전히 다른 경로를 취한다고 생각하게 하라.

이런 와중에 당신은 안락의자 행동가, 즉 민주주의 중산층이면서 특별히 좌파 성향인 사람들 중에서 뜻밖에도 포퓰리즘을 따르는 협력자를 발견할지도 모르겠다. 이들은 (꼭 부유하지는 않아도 자신의 문화적 우월성만큼은 늘 확신하는 사람들로서) 자본주의 사회에서 사회적 불평등에 맞서 싸워야 한다는 도덕적 의무감을 갖고 있지만, 한편으로는 그런 불평등이 바로 자신이 행복을 누리는 원인이거나 희망의 싹임을 아는 사람들이다. 그들은 무엇을 할까? 간단하다. 자신의 잘못을 속죄하기 위해 소소한 싸움에는 참여하겠지만, 정작 중요한 싸움에는 절대 참여하지 않을 것이다. 그들의 행동주의에 있는 쓸데없는 급진적 본성이 그들의 안락의자 위 현실을 놔두지 않기에, 어쨌든 그들도 몸을 던지기는 할 것이다. 하지만 바로 그 이유 때문에 그들은 이런 시민적 열정을 원인이 아닌 결과에만 기울일 것이다. 퀴어를 위한 이런저런 권리를 인정받기 위해 거리를 행진할 것이고, 불쌍한 아기동물에 대한 생체해부나 환경을 해치는 수압파쇄식 원유채굴, 또는 자기 집 창문의 전망을 망칠 새 도로에 대해 목을 매고 항의할 것이다. 하지만 노동개혁이나 자신의 고소득을 보호해줄 일률과세에 대해서는 절대로 같은 행동을 하지 않을 것이다.

다시 말해서 이들 안락의자 행동가들은 자신의 사회경제적 지위가 달려있는 경제 기득권에 대항하는 일에는 손가락 하나 까딱하지 않을 것이다. 그들과 우파 민주주의 중산층 사이에 차이가 있다면 아마도 후자가 같은 안락의자를 훨씬 더 잘 사용한다는 것뿐이리라. 하지만 후자는 어떤 싸움에 참여해야 할 도덕적 필요성을 느끼지 않으므로 절대 운동가가 되지 않을 것이다. 사회적 범주는 같아도 둘의 이념은 같지 않다. 왜냐하면 우파 중산층은 실제로 평등이라는 것을 전혀 믿지 않기 때문이다. 파시스트로서 당신은 두 집단 모두를 자주 마주칠 것이다. 중산층의 양쪽에 앉은 이 부유하거나 교양 있는 사람들이 서로 친하게 지내는 광경을 봐도 놀라지 말라. 식사를 함께하는 동안 좌파는 우파의 이념적 망상을 눈감아주기만 하면 그들 중에도 좋은 사람이 많다고 생각할 것이고, 우파는 자기 음식을 먹고 있는 좌파 친구의 인권 투쟁을 강박이나 병적 집착, 개인의 기벽 정도로 여길 것이다. 하지만 두 중산층 집단 모두 파시즘에는 도움이 될 것이다. 그들 모두 당신의 일을 계속하게 해줄 것이다. 왜냐하면 한쪽은 모든 것에 대해 부정적이고, 다른 한쪽은 자신에게 영향을 미치지 않는 모든 것에 무관심하기 때문이다.

하지만 막판이 되면 한쪽만큼은 정말로 당신과 공모할 것이다.

# 7

# 기억을 다시 써라

다음 지침은 원래 제일 처음에 나왔어야 한다. 하지만 나는 파시스트 방법론에서 역사적 맥락을 배제하면 그것을 이해하기가 더 쉬울 것이라고 생각했다. 또한 파시스트가 되기를 원하는 사람이라면 누구든지 시간과 장소에 관계없이 세계 어디서나 파시스트가 될 수 있다는 점을 분명히 하려는 의도도 있었다.

하지만 제국 통치의 유산을 물려받은 나라에서 태어난 사람이라면, 운 좋게도 이런 나라에서 파시스트가 될 기회를 잡았다는 점을 무시하는 것도 공정치 못한 일일 것이다. 이 사실은 우리가 한때 어떤 사람들이었는지를 생생하게 기억하는 데 큰 도움이 된다. 다시 말해서 우리가 여전히 파시스트라는 자부심을 갖는 데 아주 중요하다는 얘기다. 이것은 반파시스트 투쟁의 역사에서 자신들이 맡았던 역할을 (지금까지도) 여전히 찬양하는 나라에서는 쉽지 않은 일이다. 왜냐하면 그것은 (우리가 배운 것처럼) 역사를 기형적이고, 도구화되고, 신비화된 상태로 접한다는 것을 의미하기 때문이다. 제국에 대한 자부심을 갖고 역사를 되찾으려 노력하는 것은 힘든 일이 될 것이며, 이는 우리가 즉시 일을 시작해야 함을 의미한다. 당신이 그들의 역사관에 손을 대려 할 때마다 민주주의자는 당신에게 반대할 텐데, 그 이유는 뻔하다. 자신들을 선하게 보이도록 해주는 이야기들만 해온지라, 그와 반대되는 이야기는 아무도 듣고 싶어하지 않는다고 여기기 때문이다.

그들은 교활하게도(어쩌면 그들이 유일하게 교활한 때일 것이다) 자신들의 서사에 안전장치를 마련해 놓았다. 요컨대 그들은 오랫동안 공교육을 통해 레지스탕스와 연합군이 영웅이고 나치와 파시스트는 외국 열강의 공포에 떠는 반란세력이거나 자발적인 공범이었다고 가르쳤다. 그러나 이런 오만하고 폭력적인 행동은 사실 그들의 역사관과도 맞지 않을뿐더러, 기억이 정치적 대상이고 그중에서도 전쟁에 관한 기억이야말로 가장 정치적이라는 사실을 여실히 보여줄 따름이다. 무엇을 어떻게 기억할지는 승자가 결정하며, 승자야말로 패자로 하여금 더는 자신의 이야기를 할 수 없도록 하는 법이니까.

하지만 상황은 변할 수 있다. 기억은 희미해지는 특성이 있기 때문이다. 기억은 보존하지 않으면 사라질 위험이 있다. 이것은 새로운 세대가 태어날 때마다 민주국가가 맞닥뜨리는 위험 요소이며, 민주국가는 공식적이지만 가짜인 역사관을 신세대에게 숟가락으로 일일이 떠먹여주는 것을 잊곤 한다. 그리고 이런 일은 이미 일어나고 있다.

지금까지 수십 년 동안 민주주의는 참전군인들과 레지스탕스들이 아직 살아있다는 사실에서 안도감을 느꼈다. 민주주의자는 추축국과 그 이념의 몰락을 너무나 믿기 힘든 사실로 생각한 나머지, 우리에게 그 사실을 믿게 하려면 목격자가 필요하다고 생각했다. 이들 생존자들의 역사관이면 그 진실성을 입증하기에 충분하리라 본 것이다. 이것은 전혀 사실이 아니다. 생존자, 참전군인, 빨치산은 역사를 간직한 사람들이 아니라 그들만의 추억, 즉 당시를 겪은 사람들은 거의 갖고 있지 않는 개인적인 경험의 흔적만을 가진 사람들이다. 진정한 기억은 다른 것이다. 그것은 지배 집단이 사건에 대한 회상 일부를 특정 시기로부터 추출하여 그것을 생산적으로 이용할 방법을 찾은 다음, 그것을 모든 사람에게 해당하는 것처럼 전해주는 것이다. 민주주의자들도 선택을 하고 역사로 부르지만, 여전히 그것은 그들이 선택한 것이다.

그러므로 우리는 추억과 기억의 차이를 분명히 해야 한다. 추억은 개인의 사적 소유물이고 기억은 집단적 과정의 결과물이다. 파시스트에게는 이 차이가 아주 중요하다. 추억을 보관한 사람들은 어차피 하나들 죽어나갈 것이므로 그들과 직접 싸우는 것은 의미가 없다. 우리는 그저 우리가 가진 과거의 진실을 되찾기 위해 기다리고 준비하면 된다. 때가 되면 파시스트가 해야 할 일의 순서는 순차적이다. 즉 먼저 다른 사람들의 기억을 오염시키고, 그 다음으로는 그것을 뒤흔들어 놓고, 마지막으로는 그것을 다시 쓰는 것이다.

잘못된 기억에 때를 묻히는 것은 그것을 세탁하는 첫 단계다. 민주주의 지지자들은 전승기념일 또는 현충일처럼 파시즘에 대한 승리를 기념하는 휴일을 스스로에게 선사했다. 우리는 그들이 가짜 애국심을 고취하는 미사여구를 붙여 한편으로는 자기 영웅들의 역할을 찬양하고, 다른 한편으로는 상대편을 뻔뻔하게 중상모략하는 모습을 보아야 했다. 이것은 뉘앙스의 차이조차 허용하지 않는 흑백 게임이다. 하지만 우리가 때 묻히기를 시작하게 해주는 것은 바로 이런 뉘앙스다.

이 첫 단계에서 우리는 역사적으로 우리의 역할 모델인 사람들에 대한 어떤 비난도 참아야 하는데, 그들은 심지어 당신

아버지나 할아버지일 수도 있다. 하지만 비난을 반박하는 것은 시기상조이고 걷잡을 수 없는 분노를 불러일으킬 수도 있다. 그보다는 겸손한 척하면서 그들의 역사관에 부합하는 얘기만 하는 게 좋다. "당신이 모르는 더 많은 일이 있었다"는 말을 끊임없이 반복하라. 민주주의가 젊은 용사들을 내세워 난폭한 살인자들과 비교한다면? 나중에 판단하기는 쉽지만, 당시에는 모든 것이 너무 불명확해서 처칠도 히틀러의 국가 지도자로서의 자질을 칭찬했다고 말하라. 민주주의자들이 전사자들을 기념하면? 당신도 월계관을 들고 나타나서, 전사한 모든 이가 피해자이므로 국가를 연주하는 날은 기념이 아니라 추모의 날임을 조용히 상기시켜라. 민주주의 신봉자가 (충분히 그러고도 남는데) 파시즘의 공포를 일일이 거론한다면? 그들에게 반박하지 말고, 그런 사람들을 억누르던 당시 우리가 얼마나 강했는지를 모두에게 상기시켜라. 그리고 무엇보다 좋은 것은 도로, 사회기반시설, 곳곳의 기념물들을 거론하며 "파시스트들도 좋은 일을 했습니다"라고 말하는 것이다. 이런 공간들의 교육적 잠재력을 과소평가하지 말아야 한다. 파시스트의 공간은 대영제국이 한때 그랬던 것처럼 위대함과 승리, 효율성, 위세를 말해주는 요소다. 반면에 민주주의는 연립주택 단지, 회전교차로 등에 기여했을 뿐이다. 이런 말들을 듣고 접하는 사람들은 누구나 민주주의의 거석 기념탑 같은 서사에 균열이 생기는 것을 느끼기 시작할 것이다. 반면 당신에게 최악의 일이 생긴다고 해봐야 향수를 일으킨다는 말뿐일 것이다.

민주주의가 경계를 늦추고 그들의 역사관이 유일하게 가능하다는 것을 당연시하는 순간이야말로 민주주의를 뒤흔들 때가 왔다는 의미다. 그 징후는 무엇일까? 몇 가지 세부적 징후가 있다. 우선 교사들이 20세기 역사 전체를 가르칠 여유가 없다고 주장하기 시작하는 때가 그때다.

우리에게는 비판적 사고라는 역병을 겪지 않은 아이들 두 세대만 있으면 된다. 그러면 길이 분명하게 열릴 것이다. 우리는 이미 어떤 역사적 사실을 적어도 두 가지 관점으로는 가르칠 수 없다는 것에 대해 사람들이 의심을 품도록 만들었다. 특정 조건에서는 두 관점 모두 참일 수 있는데도 말이다. 다음 단계는 그렇게 선택된 관점이 그들이 생각하는 만큼 신뢰할 만하지 않다고 말하는 것이다. 파시즘은 결단코 아무도 죽이지 않았고 기껏해야 사람들을 추방했을 뿐이라고 주장하라. 사람들에게 제국이 아니었다면 아직도 야만의 땅이었을 곳에 제국이 문명을 가져왔다고 상기시켜라. 만약 아무도 이에 반응하지 않는 것 같다면, 조금 더 밀어붙여라. 이를테면 홀로코스트를

비롯한 주요 전쟁범죄를 의심하기 시작하라. 그것이 어떻게 일어났는지를, 즉 실제 수치를 의심하라.

그러면 이전에는 한 번도 반응한 적이 없는 민주주의 지지자도 이 시점에서는 우리가 향수에 젖어 있다고 말하기를 멈추고, 우리에게 부인론자, 수정주의자라는 *꼬리표*를 붙이기 시작할 것이다. 하지만 상황은 이미 누가 무엇을 부인하고 수정했는지 알아내기 힘든 지경까지 진행되었을 것이다. 우리는 정보의 출처가 권위를 잃고 정보의 신뢰성이 거의 모든 사람에게 제로에 가까운 시대에 산다(이 책 3장 참조). 바로 이런 점에서 모든 사람이 동등한 입장에서 자기만의 진실을 옹호하겠지만, 우리의 노력 덕분에 이 불안정한 시대에 태어난 젊은 세대는 승자가 쓴 역사가 반드시 진실은 아니라는 것을 이해하는 데 도움이 되는 도구를 이전 세대보다 많이 갖게 될 것이다.

이런 기억 수정은 모든 실수를 책임으로 돌리려는 민주주의 지지자의 짜증나는 성향으로부터 우리 자신을 보호하기 위해서도 필요하다. 그런 실수나 행위가 특별히 악한 일일 수는 있겠지만 모두 과거에 일어난 일이다. 많은 사람이 비난받을 일을 했지만, 그런 행위는 그것을 저지른 사람들로 끝난 일이다. 그렇지 않다면 우리는 어느 곳으로도 전진할 수 없을 것이다.

또 한편으로 책임이란 과거와 미래 모두를 저당 잡는 무한 루프로, 아무도 거기서 벗어나지 못할 것이다.

민주국가에서는 선배들이 물려준 재난의 결과를 마주칠 때마다, 마치 우리가 그 재난을 일으킨 사람인 것처럼 그 짐을 져야 하고 그것을 해결해야 할 사람처럼 굴어야 한다. 이런 삶의 방식은 유지될 수 없다. 하지만 이것이 바로 민주주의 학교가 오랫동안 우리 아이들을 가르쳐온 방식이다. 아이들 탓이 아닌 것을 아이들에게 계속 상기시켜 왔다. 과거는 과거로 묻어두자. 나는 파시스트들이 유럽을 지배하는 동안 했던 일을 신경 쓰지 않는다. 강제수용소에서 유대인 6백만 명을 죽인 사람은 (물론 이 숫자 가운데 하나라도 참이라면 말이다) 내가 아니며, 나는 인종차별에 관한 어떤 법에도 서명하지 않았고 런던을 공중폭격하지도 않았다. 그런데 내가 왜 그런 일에 대해 책임감을 느껴야 한단 말인가?

이런 뒤틀어진 역사 인식은 도덕적 공갈에 지나지 않으며, 당시에는 태어나지도 않았던 사람들에게 죄책감을 느끼게 하려고 만든 것이다. 그것은 민주주의를 대체할 사상이 눈앞에 있는 사람들을 정당하게 옹호하는 것을 막기 위한 방법이다. 유대인들이 세계 경제와 서구 정치를 조종한다고 말해보라. 그러면 당신은 즉시 강제수용소와 동급의 존재가 될 것이다. 흑인이 어떤 나라에서 태어났다는 이유만으로 그 나라 시민이 되는 것은 부당하다고 주장해보라. 당신은 즉시 히틀러 동조자라는 꼬리표를 달게 될 것이다. 그래서 결국 당신이 같은 전략을 써서 소련에도 강제노동수용소가 있었지 않았느냐고 감히 레지스탕스 후손들을 비난한다면, 그들 중 누구도 자기 윗세대의 역겨운 처신을 이어받기를 그리 달가워하지 않는다는 것을 즉시 알게 될 것이다. 그 또한 우리의 유산에 대해 대가를 치러야 한다고 주장하는 말이기 때문이다. 이것이 바로 민주국가에서 기억으로 장난질을 치는 사기게임 방식이다. 즉 할아버지 할머니의 악행은 그들 개인의 잘못으로 탈바꿈시켜서 잊고, 우리들의 악행은 집단적인 책임으로 바꿔놓아서 예닐곱 세대가 지나도록 기억하게 하는 것이다.

기억 다시쓰기가 교화 과정의 최종 단계가 되어야 하는 이유가 여기에 있다. 민주주의 저항세력의 수사학으로 왜곡되거나 날조된 사실들을 올바른 판본으로 새롭게 기술해야 한다. 파시즘이 지닌 선한 의도와 국가 건설의 역량을 되살리고 파시즘 정치의 효율성을 인정하는 역사관을 세워야 한다. 그렇게만 하면 파시스트적 사고와 행동이 시민사회에서 갖는 가치와 유용성을 인정받고, 고매한 아버지와 충성스런 아들에게 도로와 기념물을 헌정할 때가 올 것이며, 우리는 마침내 사상범죄라는, 나치나 파시스트가 아님을 변명하는 것과 같은 터무니없는 상황에 대해 논할 수 있을 것이다. 민주주의는 우리가 오른팔을 들어 존경을 표시하는 단순한 몸짓조차 처벌하고 부끄러워하게 만들었다.

이 시점이 되면, 우리는 더 이상 무해한 향수병 환자나 정신나간 부인론자로 취급되지 않을 것이다. 우리를 파시스트나 네오파시스트로 부르는 것이 민주주의자들에게 정상적인 일로 여겨질 것이다. 이것은 또한 우리의 승리가 될 것이다. 우리는 몇 십 년 전만 해도 다시는 현실에 돌아오지 못하리라고 생각했던 단어, 곧 망자와 과거를 연상케 하고 우리 제국과 함께 역사의 그늘에 묻혔던 그 단어를 모든 사람의 마음에 다시 불러일으킬 것이다.

우리가 돌아왔다.

우리가 여기에 남아있다.

그리고 이 땅에서 그러하듯이 역사에서도, 계속 남아있는 자가 마침내 승리한다.

# 파시스트 자가진단법

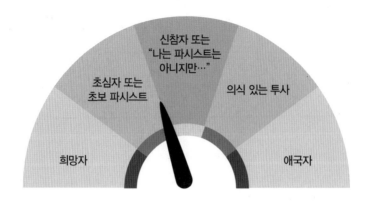

## 동의하는 항목에 솔직하게 체크하고,
## 체크한 항목의 개수를 합산하시오

☐ 보통선거권의 가치는 생각보다 크지 않다

☐ 모두가 다른 사람을 도울 도덕적 의무를 지는 것은 아니다

☐ 유권자의 평균 아이큐는 똘똘한 초등 6학년 아이큐와 같다

☐ 정당(소수정당 포함) 정치만 있으면 그 밖에는 필요 없다

☐ 어떻게 대학도 안 나오고 정부 일을 할 수 있나?

☐ 나는 인생학교에서 배웠지 누구에게도 배우지 않았다

□ 이 나라에서는 누가 '아니오'라고 말하면 어떤 중요한 일도 멈출 수 있다

□ 난민이나 이주자가 저지른 강간이 더 나쁘다.

□ 남자애는 남자애답게, 여자애는 여자애답게 길러야 한다

□ 우리나라 국민이 먼저다

□ 문화로 배를 채울 수는 없다

□ 이 나라를 바로잡을 사람이 없다

□ 아무리 능력 있는 여자라도 남편 옆에 비켜 서있는 게 좋다

□ 서구문화가 세계를 이끄는 데는 이유가 있다

□ 토론이 다 끝난 주제는 또다시 토론할 필요가 없다

□ 국회의원에게 주는 혜택이 너무 과도하다

□ 하는 일도 없는 국회의원 수는 줄이는 게 낫다

□ 오늘의 민주주의자도 한때는 파시스트/독재 부역자였다

□ 해외에서 풍족하게 살고 있으니 비판하기가 쉽다

□ 어쨌든 가족이란 자연의 이치에 따라 생겨난 것이다

□ 상이군인에게 연대감을 가질 필요는 없다

□ 정치인에게 동성애를 찬성하는지 반대하는지 물어야 한다

□ 각종 소란 때문에 사람들이 너무 피곤하다

□ 우리의 종교적 전통을 먼저 지켜야 한다

□ 이주자들은 게으르고 일하는 문화도 모른다

☐ 이주자들 때문에 우리 일자리가 줄어들고 있다

☐ 노조란 결국 일은 안 하고 봉급을 올리기 위해 만든 것이다

☐ 페미니즘은 여성에게 남성을 미워하도록 만든다

☐ 가장 시급한 일은 정부 인력을 줄이는 것이다

☐ '정치적으로 올바르다'는 것은 믿지도 않으면서 그런 척한다는 말이다

☐ 국경이 없는 나라를 나라로 볼 수는 없다

☐ 다 똑같은 놈들이다

☐ 난민을 도우려면 그들 나라에서 돕는 게 낫다

☐ 들판에서 뛰어다니던 사람들에게 투표권을 줄 수는 없다

☐ 난민이라는 사람들 대부분은 경제적 이익을 찾아 온 이민자다

☐ 국가가 나를 지켜주지 않는다면 내가 직접 지켜야 한다

☐ 소수집단 우대는 소수집단에 대한 모욕이다

☐ 인종차별만 문제가 아니다. 인종역차별도 문제다

☐ 좌파나 우파나 별로 다를 게 없다

☐ 나는 무슨 의견이든지 내 의견을 말할 권리가 있다

☐ 어떤 의견에 대해서도 투표할 자유가 있다

☐ 언론은 언제나 편파적이다

☐ 우리도 필요시 폭력을 쓰지만, 그들의 폭력은 문화에서 나온 것이다

☐ "내가 인종주의자나 동성애 혐오자는 아니지만 솔직히…"라고
　말한 적이 있다

☐ 남녀 이성애자들의 권리부터 먼저 보장해야 한다

☐ 자유주의 엘리트란 늘 어려운 용어를 써가며 대중을 깔보는
　이들을 말한다

☐ 대졸 고학력자들도 일자리 구하기가 어렵다

☐ 출산율이 낮은 것은 여성들 때문이다

☐ 우리나라에 사는 그들과 달리, 우리가 그들 나라로 가면
　우리 방식대로 못할 것이다

☐ 좌파 폭력주의자들이 먼저 시작한 일이다

☐ 젠더 연구가 가족을 망치고 있다

☐ 권력분립이 꼭 필요한 제도는 아니다

☐ 파티는 끝났다

☐ 나에게 동의하는 사람이라면 좌파인지 우파인지는
　중요하지 않다

☐ 우리는 그들의 문화를 존중하는데 그들은 우리 문화를
　존중하지 않는다

☐ 부르카를 버젓이 입고 다니는 것은 그렇게 입으라고
　강요하는 것이다

☐ 백날 말하는 것보다 행동으로 한 번 보여주는 것이 낫다

☐ 외국인들은 모두 지문과 신분을 등록하는 게 좋다

☐ 당명이나 강령을 자주 바꾸는 당은 신뢰할 수 없다

☐ 우리 것을 훔치는 데 일착인 이들이 있다

☐ 그들 나라에 가보았더니 의외로 일자리 잡기가 무척 쉬웠다

☐ 작은 말실수로 마녀사냥 당한 적이 있다

☐ 이 체제는 더 이상 작동하지 않는다

☐ 기성 정치인을 전부 몰아내고 바닥부터 다시 시작해야 한다

☐ 소수자, 난민이 그렇게 좋으면 직접 돕는 게 어떤가

# 0~15
# 희망자

점수가 이 범위에 든다면, 당신의 현재 파시즘 수준은 아직 배아 단계이고, 조용하고 온건한 파시스트보다는 성난 민주주의자에 가깝다.

하지만 이 책은 누구나 파시스트가 될 수 있다는 생각을 바탕으로 쓰였다. 그러니 희망을 잃지 말라. 당신의 부족함이 당신의 출발점이다. 따지고 보면, 모든 파시스트가 정도 차이는 있어도 결국 민주주의자로 출발했고, 당신은 그 거리가 생각보다 멀지 않다는 것에 놀랄 것이다. 당신은 기초부터 시작할 수 있다. 이를테면, 현재 벌어지고 있는 일들을 설명하려는 목소리들에 쓸데없이 귀 기울이지 말고, 오직 하나의 목소리에 집중하는 것이다. 이런 접근방식을 따르면, 혼란과 불안을 줄이고 수령에게 의지하는 논리를 탄탄히 할 수 있다.

이와 동시에 과민증과 의심을 키우는 것도 좋다. 그것을 위해서는 당신의 사회적, 문화적, 종교적, 성적 신념을 흔드는 모든 이견들을 위협으로 보는 눈을 길러야 한다. 나의 시각을 지지하는 신문만 읽고 그것을 옹호하는 사람의 의견만 들어라.

의견이 다른 사람과 애써 토론하느라 시간을 낭비하지 말라. 차라리 그들을 조롱하는 법을 익히고, 천천히 토론장을 떠나서 혐오와 거부를 택하는 게 낫다. 이런 간단한 변화에 두어 달의 시간만 들이면, 점수를 다음 단계로 올릴 수 있다.

# 16~25
# 초심자 또는 초보 파시스트

이 정도 점수를 얻었다면, 당신은 파시즘의 방법론이 얼마나 효과적인지, 그리고 이념적으로는 그 방법이 어렵지 않은 사람이 어떻게 하면 그것으로 만족스런 결과를 얻을 수 있는지 적어도 부분적으로는 알고 있는 셈이다. 하지만 안타깝게도 당신은 아직도 이 방법론을 가능한 선택지 가운데 하나로만 여기는 것 같다. 즉 당신은 여전히 다원성을 용인하고 심지어 옹호할 필요를 느끼고 있는지도 모른다. 조심하라. 가능한 한 많은 입장 차이를 드러내고 조직하고 표현하도록 권장하는 체제는 필연적으로 민주주의로 이어진다. 하지만 늦은 것은 아니다. 이렇게 낮은 점수로도 아직 많은 것을 할 수 있다. '표현의 자유'라는 원칙이 다른 정치적 행위에 대해서만이 아니라 파시즘의 방법론에도 적용되어야 한다고 계속해서 주장하고, 최대한의 관용적인 태도로 매일 민주주의자 한 명을 포섭하라. 이렇게 하면 칼 포퍼가 제시한 '열린 사회' 이론의 일부를 실현할 수도 있을 것이다. 그는 말했다. "무제한적 관용은 틀림없이 관용의 소멸로 이어질 것이다. 우리가 무제한적 관용을 관용적이지 않은 사람들에게까지 베푼다면, 그리고 관용적이지 않은 사람들의 맹공격에 대항해 관용적인 사회를 지킬 준비가 되어 있지 않다면, 관용적인 사람들은 파멸할 것이고 관용도 그들과 함께 소멸할 것이다." 이 시나리오를 제대로 실현하려면, 아직 파시즘을 유일한 선택지로 택할 만큼 파시스트는 아니지만 파시즘에 대항할 조직을 구성할 만큼 민주적이지도 않은 사람들이 상당수 필요하다. 당신 같은 사람들 말이다.

# 신참자 또는 "나는 파시스트는 아니지만…"

이 정도라면 파시즘을 완전히 받아들이는 것과는 여전히 거리가 있어도, 올바른 길을 가고 있는 셈이다. 왜냐하면 당신은 이미 이방인의 신과도 같은 민주주의의 근본 신조를 의심하는 단계에 이르렀기 때문이다. 민주주의 신조 중 첫 번째는 알다시피 모든 것에 대해 투표를 할 수 있지만, 신앙, 정치적 견해, 성, 경제적 형편에 기초한 차별을 금지하는 반파시즘이나 반인종주의 같은 가치관은 건드릴 수 없다는 것이다. 다행히도 당신은 헌법이나 선언문에 이런 신조가 포함되어야 한다고 생각하는 것 같지는 않다. 성문화된 문서를 만드는 것은 시대에 뒤떨어진 발상이다. 특히 다양한 권력기관과 국민들 사이에 존재하는 견제와 균형의 관계를 어떻게 성문화한다는 말인가. 당신은 이 믿음에서 출발해서 파시스트로서의 자각을 키우고, 주변 사람도 커나가도록 도울 수 있다. 점수를 더 높이는 좋은 방법은 정치적 영역과 경제적 영역 모두에서 반대 세력을 제거하는 데 집중하는 것이다.

정치적 측면에서는 시민 개개인이 참여하는 좀 더 직접적인 민주주의를 요구하는 동시에, 집단 대표제를 축소하라고 요구해야 한다. 이렇게 하면, 여전히 모든 사람의 참여를 허용하면서도, 정당, 의회, 위원회, 협회, 정치적 반대 조직으로 기능하는 여타 이익단체가 개입할 기회를 제거하게 된다. 경제적 측면에서는 단체협약 제도의 폐지를 요구하는 동시에 개인적 성과에 따른 계약을 장려해서 협동조합과 노동조합을 쓸모없게 만들어야 한다. 파시즘이 확립되면 더 많은 일을 할 수 있겠지만, 이 단계에서는 개인의 이익 추구에 관련된 사항만 다루고 해결책이 필요한 문제는 다루지 않는 것이 좋다. 그러면 모든 사람이 어쩔 수 없이 개인적 싸움과 필요에 골몰할 것이고, 강력한 수령에게 의지하고픈 충동을 느낄 것이다. 더불어 그들은 어려워진 상황을 위협으로 여기고, 새로운 규칙을 제정할 이유를 확보하기 위해 민주주의의 제한 사항을 공공연히 어길 것이다.

# 36~50
# 의식 있는 투사

총점이 이 정도에 드는 이유는 당신의 파시스트적 자각이 상급 단계에 이르렀고, 이미 파시즘의 도구를 통해 현실을 보고 있기 때문이다. 당신은 파시스트 방법론과 그 성장을 돕는 타고난 옹호자이고, 소리 높여 항의하는 적들에 대해 대놓고 행동하는 사람이다. 당신은 모든 공적 문제에 끼어들어 모든 사람의 면전에서 적을 식별하고 낙인찍고 제거하는 사람이며, 우리가 누구로부터 자신을 지켜야 하는지 이해하게 해주는 콘텐츠를 갖춘 사람이다. 당신을 검증하려 드는 사람에 대해 어떤 중재나 타협도 없이 맞설 준비가 되어 있고, 더 이상 언어만을 무기로 삼지도 않는다. 갈등을 인신공격이라고 깎아내리는 것쯤은 이미 당신 전략 가운데 하나다. 이제 필요하다면 목소리만 높이는 것뿐만 아니라 손을 들 수도 있다. 이를테면 자기방어가 필요하거나 불리한 상황, 또는 그들이 그렇게 하도록 만든 상황에서는 행동을 취할 수 있다.

이 수준의 인식에 도달했다면, 당신은 이런 식으로 행동할 때마다 민주국가에서 허용되는 것과 앞으로 더 허용되어야 할 것 사이의 거리가 멀다는 것을 알 것이다. 여기서 멈추지 말라. 선을 넘을 때마다 당신은 선을 옮기는 일을 돕고 있는 것이다. 그 대가를 당신이 당장 치르게 될 수도 있지만, 당신 뒤에는 또 다른 10명, 100명, 1,000명이 선을 넘을 것이다. 물러서지 말라. 당신 뒤에 전 인구가 있다.

# 51~65
# 애국자

이 정도 점수에 이르렀다면, 당신은 이 책에서 배울 것이 거의 없다는 뜻이다. 당신은 민주주의가 강요하는 모든 것을 내던진 사람이다. 당신은 이미 투철한 파시스트다. 그리고 당신보다 급이 낮거나 동기부여가 부족한 이들에 대한 기준 역할을 할 수 있는 사람이다. 그 사람들은 당신을 우러러보며 파시스트의 면모를 갖추는 데 영감과 본보기를 얻는다. 이런 엄청난 책임이 당신에게 있으니 그들을 실망시켜서는 안 된다. 당신은 국민의 적을 어쩔 수 없이 공격하는 수준을 넘어서 그들의 약점을 타격하는 단계에 왔다. 이 범위에 속해 있다면, 당신은 아마도 눈치를 보며 했던 일들을 이제는 추가로 만들어낼 수 있다는 것까지 알 것이다. 그것은 매일 밤마다 자기 여자를 때리는 남자의 원칙과 같은 것인데, 무엇 때문에 때리는지 모르지만 여자가 맞을 만하니까 때린다는 원칙이다.

하지만 당신은 또한 건설적이어야 하고 사람들을 안심시켜야 한다. 자국과 자국 문화에 대한 소속감을 유지하며, 전통적인 가족상과 여성적 감성, 자연스런 남녀관계에 대한 관심을 보여줘라. 종교 단체들이 우리를 칭송한다면, 더욱 헌신과 충심을 다해 우리의 뿌리가 거기에 있다는 것을 보여줘라. 혹시 그들이 우리를 반대한다면 다른 적을 대할 때처럼 그들을 대하라. 그들의 이익 지점을 노리고 구린 구석을 폭로하라. 가난한 자들과는 이야기만 나누고, 부자들과는 거래를 하라. 재정적 능력이야말로 국가적 부의 바탕이므로, 부자들로 하여금 당신을 친구이자 보호자로 여기게 하라. 절망하는 사람에게는 보호의 희망을, 당신을 지지하는 사람에게는 든든한 안내자라는 생각을, 당신을 반대하는 사람에게는 무슨 수를 써서라도 그들을 무너뜨릴 것이라는 두려움을 심어줘라.

당신의 입장을 직접적이고 분명하게 드러내라. 당신이 활동하는 곳이 민주국가인 한, 당신은 그들이 국가는 고사하고 당신을 상대하는 데만 총력을 기울이게 할 수 있다. 그들이 당신에 맞서서 연합을 하더라도 그들은 당신의 적으로서 그렇게할 것이고, 또한 당신과 반대되는 그 신념 때문에 당신을 승인하지 않을 수 없을 것이다. 무엇보다 이런 가르침들을 전하는 것을 소홀히 하지 말라. 젊은 세대의 의식을 확립해서 파시즘이 더 이상 민주주의와 그 타락의 위험에 빠지지 않도록 하라.

# 부인 각서

알고 있다. 이제 당신은 내가 마지막으로 뭔가를 말해주기를 기다리고 있을 것이다. 지금까지 말한 것들은 전부 도발이고, 모두가 우리의 관점을 바꿔보려는 유쾌한 게임이었지만, 이제 게임은 끝났고 모든 것은 제자리로 돌아간다고. 즉 파시스트는 저쪽에 있고 우리는 이쪽 민주주의 편에 있다고.

그러나 꼭 그렇지만은 않다. 내가 쓴 것들은 전부 그런 것도 아니고 언제나 그런 것도 아니지만, 내가 인생의 어떤 순간에—더 냉정하고 피상적이고 화나고 무지했던 순간에—단 일 초나마 실제로 생각했던 것들이다. 그리고 나는 다른 사람들도 마찬가지일 것이라고 믿는다. 나는 사실 과거나 현재의 파시스트, 이탈리아나 미국의 파시스트, 지역이나 지구적 범위의 파시스트에 반대하는 책을 쓰는 것에는 관심이 없었다. 오늘날

누가 파시스트인지는 굳이 내가 지적할 필요도 없는 일이다. 장벽을 쌓는 사람들, 오직 자기들끼리만 연대감을 주고받는 사람들, 양쪽 모두를 조종하기 위해 사람들을 대립시키는 사람들, 시민의 권리와 자유를 제한하려는 사람들, 법이라는 무기와 책임이라는 평계로 거주이전의 자유라는 권리를 부정하는 사람들, 이들 모두가 오늘날의 파시스트들이다.

문제는 파시즘을 하나의 '방법'으로 정당화하는 데 조금이라도 연루되지 않은 사람을 찾아낼 수 있느냐 하는 것이다. 이 위험성은 이렇게 표현할 수도 있을 것이다. 모든 것을 파시즘으로 부른다면, 아무것도 파시즘이 아니다. 또 누구나 파시스트의 성향이 있다면, 아무도 파시스트가 아니다. 하지만 이것은 사실이 아니다. 모든 것이 파시즘은 아니지만, 파시즘은 충분히 감시하지 않으면 어떤 그 무엇이든 오염시키고야 마는 놀라운 속성을 지니고 있기 때문이다.

# 감사의 말

알레산드로 잠메이는 선택의 순간마다 결정적인 조언을 해줬고, 파시즘을 하나의 '방법'으로 생각할 필요가 있음을 다시 한 번 일깨워줬다. 자코모 파피와 미켈레 알베리코는 여러 차례 그들의 삐딱하고 명료한 관점을 내게 선물함으로써, 레오나르도 카포가 호전적인 방식으로 그랬던 것처럼, 내가 주제와 화제에 더 잘 집중할 수 있도록 도와주었다. 정치성이 강한 마르코 브린치는 내가 이 주제를 사람들 앞에서 이야기해야 할 정치적 필요성이 있음을 깨닫게 해주었고, 개척자 정신이 있는 베로니카 크루차니는 내게 그렇게 할 수 있는 첫 번째 공간을 마련해 주었다. 오마르 온니스, 페데리카 세라 팔라, 루이지 코코와 매일같이 나눈 정치 토론은 내게 매우 귀중한 변론 학교 역할을 해주었다. 마지막으로 다니엘레 루케티는 영감어린 직관으로 이 책의 이름을 제안했다. 하지만 이런 씨앗들이 단단한 민주주의 교육의 토양에 뿌려지지 않았다면 아무런 결실을 맺지 못했을 것이다. 그 토양은 바로 나의 반파시스트 어머니인 코스탄차 마론주의 작품이다.